살람, 이란비즈니스

비행기에서 마스터하는

살람,
이란비즈니스

매경이란포럼팀 지음

매일경제신문사

2016년 1월 프랑스 파리 엘리제궁을 찾은 하산 로하니 이란 대통령은 300억 유로(약 40조 원)에 달하는 돈 보따리를 풀었다. 초대형 항공기인 A380 12대를 비롯해 에어버스 118대를 구입하기로 했다. 이 밖에도 20여 건의 대규모 구매 계약을 체결했다. 로하니 대통령은 이에 앞서 이탈리아 방문 때도 존재감을 알렸다. 에너지·사회기반시설·철강 부문 기업들과 최대 170억 유로(약 22조 500억 원)에 달하는 계약을 성사시켜 막강한 자금력을 과시한 것이다. 로하니 대통령이 유럽의 주요 국가들을 방문할 때 극진한 대접을 받은 것은 물론이다.

한편으로는 로하니 대통령을 만나기 위해 이란으로 향하는 주요 국가 정상들의 행렬이 이어지고 있다. 중국 시진핑 국가주석이 이란을 방문한 데 이어 아베 신조 일본 총리 등 전 세계 지도자들의 방문 계획도 잇따랐다. 우리나라 박근혜 대통령도 방문 대열에 동참했다.

이 모두가 이란에 대한 국제사회의 핵 관련 경제제재가 풀리면서 나타난 현상들이다. 1979년 이슬람혁명 이후 핵 개발 추진을 이유로 미국 등으로부터 제재를 받았던 이란은 2016년 1월 16일 37년 만에 국제사회로 복귀하게 됐다. 이번 경제제재 해제로 이란은 원유 수출을 할 수 있게 됐고, 해외 각국과 금융거래 및 상품 수출입은 물론 투자 활동도 가능하게 됐다.

핵 관련 경제제재가 풀린 후 이란으로 향하는 정부와 외국인들의 발길이 끊이지 않고 있다. 이란은 2016년 들어 명실상부한 세계 최고 핫 플레이스로 부상했다.

이란에 대한 세계인의 뜨거운 관심은 당장 현지에서 감지된다. 테헤란 시내 주요 호텔은 앞다투어 찾아오는 글로벌 기업들과 투자자들로 빈방이 없을 정도다. 호텔 로비 곳곳에서 투자 상담을 벌이는 장면이 연출된다. 달라진 풍경은 경제제재가 풀리기 1년 전부터 감지되기 시작했다. 핵 제재가 풀릴 것을 예상한 발 빠른 투자자들이 미리 이란을 찾아 사업 기회를 모색한 것이다. 글로벌 기업들이 앞다투어 이란으로 몰려들고 있는 것은 그만큼 사업 기회가 있다고 생각하기 때문이다.

이란은 인구가 우리보다 1.5배 이상 많은 8,000만 명에 달하고 오랫동안 경제제재를 받아 왔지만 1인당 GDP(국내총생산)가 5,000달러에 달할 정도로 경제력이 있는 나라다.

무엇보다 성장 잠재력이 크다는 점이다. 면적은 우리나라보다 7.5배나 크지만 도로 등 사회간접자본(SOC)과 통신망 등은 구축해야 할 부분이 많다. 여기에 소비 시장으로서도 눈여겨볼 곳이다. 30대 이하 젊은 이들이 60%이고 인구의 30%는 고등교육을 이수한 양질의 노동력을 보유하고 있다.

중동, 중앙아시아, 유럽을 연결하는 지정학적 요충지로도 중시되고 있다. 유럽 지역 국가들이 이미 1년 전부터 제재 해제를 조건으로 각종 투자를 진행해 온 것도 이런 중요성을 인식해서다.

핵 협상 타결 전까지 이란 경제는 많이 악화된 상태다. 이란 경제에서 중요한 부분을 차지하고 있는 원유의 경우도 2011년 251만 배럴을 수출했지만, 2012년에는 전년 대비 40% 감소한 153만 배럴, 2013년에는 100만 배럴 수출에 그쳤다.

사정이 이렇다 보니 핵 협상 타결 후 이란 경제 회복에 대한 기대감이 전반적으로 확산되고 있다. 세계 전문가들은 이란이 제2차 세계대전의 폐허를 극복한 독일처럼 새롭게 거듭날 수 있을지 주목하고 있다.

이란은 저성장 구조에 빠질 위험에 처한 한국으로서는 결코 놓칠 수 없는 기회의 땅이다. 2015년 우리 수출은 15%나 줄었다. 2016년 들어서도 회복이 쉽지 않은 분위기다. 2016년 우리나라 경제성장률이 3% 밑으로 추락할 것으로 예상되고 기업들은 3년째 매출 감소 공포에 시달리고 있다.

인구 8,000만 명의 저력을 갖추고 있는 이란은 정체된 한국 경제가 돌파구로 활용하기에 충분하다. 도로, 항만 등 기본적인 SOC 시설에다 화장품, 호텔, 의료 기기, 정보통신기술(ICT) 등도 우리 기업들이 진출할 만하다는 게 현지 전문가들의 분석이다. 화장품의 경우 부유층은 유럽산 선호 현상이 강하지만 한국산의 시장 개척 여지가 많고 제재 해제 후 급증하는 여행객을 수용할 호텔 분야에서도 기회가 엿보인다. 의료 기기나 병원 같은 분야도 개척할 만한 여지가 크다.

하지만 기회의 땅이라고 해서 무턱대고 달려들어서는 안 된다. 상대는 유대인과 견주는 페르시아 상인의 후예들이다. 많은 전문가들은 이란에서 사업을 하기가 결코 쉽지 않다고 한다. 우선 상거래 관행이 우리와는 너무나 다르고 넘어야 할 걸림돌이 만만치 않게 많다. 거래가 성사되기까지 최소한 1년 이상이 걸릴 정도여서 인내심을 요구한다.

더욱이 최근에는 원래 높았던 이란인들의 콧대가 더욱 높아지고 있다. 돈과 기술을 동시에 들고 올 것을 주문하면서 웬만한 큰 투자자가 아니면 만나 주지도 않는다. 조급하게 당장 돈을 벌겠다는 생각을 하다가는 소탐대실할 가능성이 높다. 단순히 돈 벌러 간다는 인식을 심어 주기보다는 경제적 동반자 관계를 구축하는 전략적인 접근이 중요하다.

매일경제가 제재 해제 후 한 달이 갓 지난 2월 28일과 29일 이란 수도 테헤란 아자디 호텔에서 양국 기업인 600여 명이 참석한 가운데 '매경이란포럼'을 연 것은 이해의 폭을 넓혀 양국 경제협력을 증진시키기 위해서였다.

비록 준비 과정이 한 달밖에 되지 않았지만 애로 사항을 파악하기에 결코 짧지 않은 기간이었다. '되는 것도 없고 안 되는 것도 없다'는 이란의 비즈니스 관습은 우리와는 너무도 달랐고, 37년간 경제제재의 여파로 글로벌스탠더드에는 한참 못 미치는 인프라 등은 포럼 준비팀을 당황하게 만들기에 충분했다.

지난한 과정을 거치면서 이란에 관한 정보가 한국에 너무도 부족하다는 사실을 절감했다. 특히 기업인들이 참고할 수 있는 자료는 전무했다. 매경이란포럼 준비팀은 행사를 준비하는 과정에서 배웠던 이란에 관한 모든 것들을 기록으로 남겨 다음 사람의 시행착오를 줄여 보자는 취지에서 이 책을 기획하게 됐다. 또 이란이 막 문호를 개방한 역사의 현장에서 본 '아스레 자디데 이란(Asre Jadide Iran, 새 시대의 이란)'을 기록으로 남기는 것도 의미 있는 작업이라 생각했다. 그렇게 해서 탄생한 것이 《살람, 이란비즈니스》이다. 이 책에는 10여 명의 기자들이 한 달간 포럼을 준비하는 과정에서 압축적으로 쌓은 현장 경험과 인사이트를 고스란히 담았다.

이 책의 모티프를 제공한 '매경이란포럼'은 장대환 매경미디어그룹 회장님을 비롯한 경영진의 전폭적인 지원과 손현덕 편집국장과 서양원 국차장을 비롯한 전 편집국 가족들의 격려와 도움이 없었다면 결코 성사될 수 없었을 것이다.

또 산업통상자원부, 한국무역협회, 코트라(KOTRA)와 이란 대사관 관계자분들의 적극적인 지원이 없었어도 불가능했다. 이 자리를 빌려 모든 분들께 감사드린다.

이와 함께 한 달이라는 짧은 기간에 불모지에서 매경이란포럼을 성사시키고 포럼 이후 바쁜 취재 활동 중에도 자투리 시간을 내어 집필까지 완성한 이란포럼팀원들에게 한없는 동료애와 감사의 뜻을 전하고 싶다. 한 명 한 명의 헌신적인 노력과 사명감이 없었다면 결코 이뤄 낼 수 없었을 것이다.

비록 이 책이 이란에 대한 전문적이고 체계적인 교과서는 아닐지라도 이란에서 비즈니스를 하려는 기업인과 방문객들에게 기초적인 가이드 역할을 하기에 충분하다고 자부한다. 모든 분들이 이란을 이해하는데 조금이나마 도움이 되기를 바란다. 그리고 한국과 이란 간 교류 확대를 위한 작은 주춧돌이 되기를 기대해 본다.

남산 자락이 보이는 편집국에서

위정환

차례

머리말   4

Part **1**

다시 열린 기회의 땅 이란

1. 새로운 엘도라도 이란으로 가라

천재일우 기회의 땅	16
때 묻지 않은 노다지 시장이 열리다	19
기술과 자본력으로 뚫어야	22
석유·가스 프로젝트만 1,850억 달러	24
호텔도 400개 부족해	28
천지개벽 중인 반다르아바스	32
시베리아철도를 대체할 물류 혁명	35
노후 설비 교체 시장을 노려라	39
우루무치까지 직항로 개설한 이란	42
|인터뷰| 한국 기업의 적극적인 참여를 기대합니다	45
하산 타헤리안 주한 이란 대사	
|기 고| 다가오는 이란 시대	47
유달승 한국외국어대학교 이란어과 교수	
|쉬어 가기| 월드컵 거리 응원에도 정부 허가가 필요한 나라	50

2. 생각보다 깊은 한국과 이란의 인연

북한보다 한국과 먼저 수교한 이란   52

테헤란로와 서울로   54

한국과 이란 교역 1위 품목은?   56

이란에선 당신도 한류 스타   57

한국산이 휩쓰는 이란   59

《쿠쉬나메》1,400년 전 신라와 이란의 연결 고리   61

제재 기간 중 떠난 것에 대한 섭섭함   63

현지서 뛰는 한국 기업은   66

| 기　고 | 세계경제 질서 재편의 핵 '이란'   69
　　　　서정민 한국외국어대학교 국제지역대학원 교수

| 쉬어 가기 | 피스타치오의 나라 이란   73

Part **2**

꼭 알아야 할 이란비즈니스 팁

3. 왕 서방을 울린 페르시아 상인

비즈니스는 무조건 만나서 해라	76
왕 서방의 만만디보다 더 심한 페르시아의 야바시	79
한국인보다 의전 더 따진다	83
예스는 예스가 아니다	86
에이전트의 나라 이란서 살아남기	89
페르시아인 DNA를 이해하라	91
화내는 순간 이란비즈니스도 끝난다	94
아직은 통제가 강한 이란	97
이란과 미국, 아슬아슬한 줄타기	100
한·이란 최고 파트너십 가능한 모델은?	102
기회의 땅 이란에 주목하라	106
이란 진출 3대 리스크	109
한국 대기업 수장들 양국 경제협력 가능성 확인	112
¦ 기 고 ¦ 이란에 코리안드림을 심어라	116
김기문 제이에스티나 회장	
¦ 쉬어 가기 ¦ 와인 시라즈의 고향은 이란	120

4. 이란비즈니스 이렇게 뚫어라

알면 유용한 도착비자　　　　　　　　　　　　　122

두바이 경유해서 이란 가기　　　　　　　　　　125

테헤란 시내 호텔 탐방기　　　　　　　　　　　127

술과 돼지고기는 절대 안 된다　　　　　　　　　132

느려도 너무 느린 이란의 인터넷　　　　　　　　136

이란어 동시통역 구하기는 하늘의 별 따기　　　　139

이란은 아라비아숫자를 쓴다? 안 쓴다?　　　　　142

리알 환전은 이맘 호메이니 공항에서　　　　　　145

셀프 리디노미네이션의 나라 이란　　　　　　　147

이란은 아랍이 아니지 말입니다　　　　　　　　150

민감한 발언을 조심하라　　　　　　　　　　　152

넥타이 착용을 피하라　　　　　　　　　　　　154

테헤란 교통 체증은 세계 최악　　　　　　　　　157

테헤란의 결제 시스템은 19세기　　　　　　　　161

여성은 반드시 차도르를 써야 하나?　　　　　　163

| 기 고 |　이란 시장 진출을 준비하는 K형께　　　　166
　　　　 김재홍 대한무역투자진흥공사(KOTRA) 사장

| 쉬어 가기 |　테헤란에서 관광을 하고 싶다면　　　　170

부록　　　　　　　　　　　　　　　　　　　173

이란은 열사의 땅? / 이란과 이슬람 민주주의 /
미국과 관계 개선에 목매는 이란 / 이란의 역사 / 달력은 전혀 다르다 /
이란 통계 지표 / 5분 이란어

Part 1

다시 열린 기회의 땅
이란

1 | 새로운 엘도라도 이란으로 가라
2 | 생각보다 깊은 한국과 이란의 인연

1

새로운 엘도라도
이란으로 가라

천재일우 기회의 땅

이란 테헤란에서 최고 시설을 갖춘 것으로 평가받는 '페르시안 아자디 호텔(Parsian Azadi Hotel)'. 이 호텔은 숨 가쁘게 맥박이 뛰는 이란 경제의 역동성을 보여 주는 '미니 이란'이다. 2015년 4월부터 이 호텔에 전례 없이 객실난이 빚어지기 시작했다. 이란 신정 연휴에 해당하는 노루즈 기간이 지나고 미국과 이란 간 핵 협상이 진전을 보이면서다. 2016년 1월 이란에 대한 경제제재가 공식적으로 해제되면서 이제 이 호텔의 방 구하기는 하늘의 별 따기처럼 힘들어졌다.

이 호텔 로비는 페르시아인들의 환심을 사기 위한 치열한 로비 장터다. 기자들이 체류하는 한 달여간 프랑스, 이탈리아, 독일, 오스트리아, 핀란드, 그리스 등 유럽 각국은 대규모 사절단을 꾸려서 이란을 찾아왔다. 태국, 파키스탄, 방글라데시 등 아시아 국가는 물론 카자흐스탄 등 CIS(Commonwealth of Independent States, 독립국가연합) 국가, 심지어 가나 등 아프리카 국가들까지 하루가 멀다 하고 테헤란에 대규모 사절단을 보내 페르시아 상인들의 환심을 사기 위해 나섰다. 한때 전 세계의 골칫거리로 전락했던 이란이 지금은 침체의 늪에 빠진 전 세계 경제에 한 줄기 희망의 빛을 선사하고 있는 셈이다.

이란 인구는 사우디아라비아의 약 2.5배인 8,000만 명이다. 적지 않은 인구다. 그러나 이란이 주목받는 것은 단순히 8,000만 명에 달하는 시장 때문이 아니다. 페르시아 대제국을 건설했던 이란은 막대한 천연자원과 지정학적인 이점을 발판으로 이제 아시아, 유럽, 아프리카를 잇는 대국으로 굴기하고 있다. 사우디아라비아가 있는 아라비아 반도는 이란에서 남동쪽으로 길게 치우쳐 있다. 길목이 아니라는 이야기다. 사우디아라비아 세계사를 좀 더 긴 시각에서 보면 사우디아라비아는 잠시 중동에서 번성했던 국가 정도로 기록될 수도 있다. 이란이 저유가 쇼크로 과거 경험해 보지 못한 재정 적자 등에 고통받고 있는 사우디아라비아를 능가하는 것은 시간문제다.

페르시아인들의 꿈은 여기서 그치지 않는다. 그들은 기원전 고대 그리스를 두려움에 떨게 만들었던 대국의 후손들이다. 이란은 역사의 축을 움직일 수 있는 새로운 슈퍼 파워로 부상하고 있다. 바로 이런 점 때문에 이란은 전 세계 러브콜을 한 몸에 받고 있다.

이런 천재일우(千載一遇)의 기회는 아무런 준비 없는 사람에게 오지 않는다. 미국 눈치를 봐야 했던 우리나라는 적극적으로 이란 시장에 진출하지 못한 것이 사실이다. 그러나 이제는 상황이 다르다. 제재 해제 이후에는 노력 여하에 따라 판을 뒤집을 기회가 충분히 있다.

천연가스(LNG) 시장이 대표적이다. 세계 어디를 가도 미국·유럽계 오일메이저들은 석유와 가스 개발 사업에서 굳건한 카르텔을 형성하고 있다. 중국은 물량 공세로 시장을 잠식하고 있지만 후발 주자인 한국은 설 땅이 좁다. 하지만 이란은 상황이 다르다. 전필수 GS건설 테헤란지사장은 "우리 기업들이 이란 시장에서 에너지 분야만큼은 선진국 카르텔을 깰 수 있는 좋은 기회가 있다. 이란에서 우리 기업들이 밀리면 언제 또 다시 기회가 오겠는가"라고 말했다.

제재 기간에도 깊은 관계를 유지했던 유럽계 기업들은 이미 한발 더 나아가 있다. 배지영 법무법인 지평 변호사(테헤란·두바이사무소장)는 "유럽계 기업들은 경제제재가 해제되기 1년여 전부터 경제제재가 해제되는 조건부로 계약을 하자는 요청을 했다"고 말했다.

특히 유럽계는 석유·가스 분야 협력을 구체화시키고 있다. 기자들은 이란상공회의소를 방문했을 때 이탈리아 국기를 단 대형 버스 두 대와 고급 세단들이 한꺼번에 도착하는 것을 목격했다. 100여 명의 이탈리아 사절단은 버스에서 쏟아져 나와 이란상공회의소로 몰려 들어갔다. 처음에는 일반적인 경제 사절단 정도로 생각했다. 그러나 놀랍게도 이들은 석유·가스 분야 협력 세미나를 위해 참석한 사람들이었다.

이탈리아와 이란은 특별히 친밀한 관계를 유지해 왔다. 공교롭게도 이란과 이탈리아는 국기에 사용하는 세 가지 색깔까지 같다. 테헤란과 파리, 런던 등을 잇는 직항이 없던 시절에도 로마 직항 노선만큼은 유지가 됐을 정도다. 우리가 총론도 잘 알지 못하고 있을 때 이렇게 각론까지 진도를 나가는 나라도 있다.

때 묻지 않은 노다지 시장이 열리다

1979년 이란 호메이니혁명 이후 숱한 우여곡절이 있었지만 이제 37년 만에 기다리던 기회가 왔다. 노다지, 문자 그대로 '노다지 시장'이다.

석유 매장량 세계 4위, 가스 매장량 세계 1위, 인구 8,000만 명의 거대한 이란 시장이 활짝 열렸다. 그것도 누구도 제대로 개발을 해 보지 못한 때 묻지 않은 시장이다. 한반도 면적의 약 7.5배 국토를 가진 이란이 37년간의 긴 겨울잠에서 깨어났다.

이란의 석유 매장량은 베네수엘라, 사우디아라비아, 캐나다 다음이다. 천연가스는 러시아, 카타르보다 더 많은 매장량을 가진 것으로 추정되고 있다. 이 밖에도 구리(세계 9위), 철광석(세계 12위), 아연(세계 17위), 석탄(세계 26위) 등 다양한 자원을 갖고 있다.

이란은 서방 경제제재 기간 동안에도 중동에서 사우디아라비아, 아랍에미리트, 이라크, 카타르와 함께 '빅 5' 안에 드는 대형 건설 시장이었다. 건설·인프라 분야 전문 분석 기관인 MEED에 따르면 2016년 2월 기준 이란에서 진행되거나 계획된 프로젝트 규모는 2,591억 달러(약 297조 원)에 달한다. 경제제재가 해제된 만큼 이란 시장이 커 가는 것은 시간문제다.

제재 해제 이후 민영화가 추진되는 시장에도 관심을 가질 필요가 있다. 통신, 자동차, 담배, 광산 등이 대표적이다. 코트라(KOTRA)는 이란 정부의 제조업 육성 정책에 따라 완제품보다는 OEM 생산, 기계, 원·부자재 수출이 유리하다고 강조한다.

선박 시장 역시 이란은 우리나라에 블루오션으로 떠올랐다. 이란국영유조선회사(NITC)는 향후 10년간 180억 달러(약 21조 원) 규모의 대규모 선박 발주에 나설 것으로 예상된다. 국내 조선 업계가 수주 가뭄으로 고사 위기에 내몰린 상황에서 새로운 시장이 열린다는 점에서 주목된다.

이란 최대 국영 해운사인 IRISL(Islamic Republic of Iran Shipping Lines)은 대형 컨테이너선 등을 대규모로 발주할 것으로 예상된다. IRISL은 미국 경제제재 해제 이후에 본격적인 영업망 확대에 나서고 있기 때문에 선박 확보가 시급한 상황이다. IRISL은 최근 네덜란드 로테르담, 벨기에 안트베르펜 등 유럽 주요 항구도시로 정기 노선을 복원했다. IRISL은 2016년 2월 말 부산항에 빈 컨테이너를 들여와 운항을 준비하고 있다. 이란 국적 선박이 부산항에 입항한 것은 4년 만이었다. IRISL은 곧 부산항과 이란 남부 반다르아바스를 잇는 정기 항로를 개설할 예정이다.

1967년 설립된 IRISL은 과거 현대중공업, 대우조선해양 등에 대규모 발주를 했던 회사다. 그러나 미국의 이란 경제제재가 강화되며 이란 발 선박 발주는 최근 7~8년간 중단된 상태였다. 대우조선해양, 삼성중공업도 IRISL 외에 이란국영유조선회사 등과 선박 계약을 협의하고 있어 추가 수주가 이어질지 주목된다.

그러나 막연한 기대감을 갖는 것은 금물이며 냉정하고 차분한 시장 분석과 전략적 접근이 필요하다는 지적이다. 특히 중동 지역에서 플랜트 출혈 경쟁으로 인한 대규모 적자 사태를 반복하지 않기 위해서는 신중한 접근이 필요하다.

일부 발주처에서는 프로젝트 대금을 가스, 원유 등 현물로 지급하거나 개발 물량 중 상당량을 사업자가 떠안는 조건을 내걸고 있다. 이런 사업 조건은 수주 기업에 매우 불리하기 때문에 냉철한 접근이 없으면 손실을 볼 가능성이 매우 높다.

김경수 현대건설 테헤란지사장은 "일부 가스전 개발 사업에서 이란 발주처는 연간 생산 물량 60%를 책임지라고 요구하기도 한다"고 말했다. 전필수 GS건설 테헤란지사장은 "결국 가스공사에서 이런 물량을 사 주지 않으면 프로젝트 수주가 어려운 상황"이라고 덧붙였다.

우리 기업들끼리 덤핑 경쟁하면서 저가 수주로 부실을 양산해서는 안 된다는 지적이 가장 많았다. 삼성엔지니어링, 대림산업, GS건설 등 국내 상당수 건설사들은 중동 플랜트 시장에서 저가 출혈 경쟁을 벌이다가 수조 원대 부실이 쌓여 한때 큰 위기를 겪었다. 이란 시장에서는 우리 기업들끼리 이 같은 '제 살 깎아 먹기' 경쟁을 다시 벌여서는 안 된다.

기술과 자본력으로 뚫어야

이란은 영양실조 상태다. 대규모 프로젝트가 널려 있지만 문제는 자본이다. 이란에 진출한 기업 관계자들이 입을 모아 공통적으로 한 말이다. 이들은 "한국 기업이 영양제(자본)를 가져와서 이란 경제를 일으켜 세워야 한다"며 파이낸싱 능력이 이란 시장 진출의 최대 관건이라고 말했다.

곽민수 포스코대우 테헤란지사장은 "이란에서는 'E·P·C+F(엔지니어링·조달·시공+파이낸싱)'라는 말이 유행하고 있다. 자금 조달이 되지 않으면 어떤 프로젝트도 수주하기 어렵다"고 말했다.

곽 지사장은 "여기에 O&M(운영·관리)과 정부 보증까지 요구하고 있어 쉽지 않은 상황"이라고 말했다. 전필수 GS건설 테헤란지사장도 "이란 발주처 관계자들을 만나면 누구나 'E·P·C·F' 할 수 있냐'고 물어본다"며 "민영화된 발주처가 많아 수출금융기관의 지원이 매우 중요한 시장이 되고 있다"고 말했다.

조명규 두산건설 테헤란지사장은 "이란은 최근 E·P·C뿐만 아니라 기술과 기자재 전수를 요구한다"며 "가스터빈 분야 등 각 분야별로 기술을 이전해 달라고 강력히 요구해 오고 있다"고 말했다.

이라크에서 근무하다 이란으로 건너온 정현석 대우건설 테헤란지사장도 "이란 발주처들은 투자부터 건설, 운영, 관리까지 100% 민자 사업을 원하고 있다"며 원활한 자금 조달이 프로젝트 수주를 위한 가장 절실한 과제라는 사실을 강조했다.

이란 시장에서는 국가적인 차원의 지원이 절실하다. 특히 대규모 프로젝트의 경우 수출입은행과 무역보험공사의 지원 없이는 접근 자체가 불가능하다.

수출입은행은 이란 진출 한국 기업을 지원하기 위해 70억 유로 규모의 금융 패키지를 마련한 상태다. 이란 정부의 주요 관심 분야인 인프라·발전·철강 사업에 한국 기업이 참여하면 약 50억 유로를 지원할 예정이다.

수출입은행은 이란 현지 은행과의 전대금융 신용공여한도를 복원하고 포페이팅 등 외국환 업무 지원도 재개할 계획이다. 전대금융이란 수출입은행이 외국 은행에 신용공여한도를 설정하고, 현지 은행은 수출입은행에서 유리한 조건으로 자금을 조달해 한국 기업과 거래 관계가 있는 현지 기업에 대출해 주는 제도를 말한다.

포페이팅은 수출 기업의 어음을 은행이 할인해 거래하는 무역금융 기법으로, 수입상이 대금을 갚지 않더라도 은행이 수출 기업에 대금을 청구하지 않는다. 수출입은행은 시중 은행의 간접 매입 방식인 '2차 포페이팅' 제도를 2008년부터 도입하여 운용 중이다.

이란 현지에서 수출입은행과 무역보험공사의 활약은 큰 주목을 받았다. 이덕훈 수출입은행장과 김영학 무역보험공사 사장의 지원 내용은 현지 언론들이 비중 있게 보도했다. 이란이 금융 지원에 얼마나 관심을 갖고 있는지를 보여 주는 대목이다.

'F(자본력)' 못지않게 중요한 것이 'T(기술)'이다. 이란은 기술이전 없는 투자는 무의미하다고 보고 있다. 대부분 플랜트 사업에 기술이전 조건을 내걸고 있다. 자동차, 조선, 석유화학 등 기술력이 필요한 산업 역시 기술이전이 가장 큰 요구 사항이다.

특히 단순 소비재를 파는 외국 기업에 대해서는 강력한 경고를 하고 있다. 2015년 이란 정부는 주한 이란 대사관을 통해서 소비재 판매 비중이 높은 국내 모 대기업에 대해서 경고 메시지를 보냈다.

이란은 수입 환율을 10단계로 차등화해서 생필품, 의약품이 아닌 경우 매우 불리한 환율을 적용해 수입을 사실상 억제하고 있다. 기술과 자본이 함께 어우러진 장기 투자가 이뤄져야 이란 시장에서 제대로 성과를 낼 수 있다는 이야기다.

석유·가스 프로젝트만 1,850억 달러

한국 입장에서 가장 신경을 써야 할 분야는 석유·가스 분야다. 코트라에 따르면 향후 석유·가스 분야에만 1,850억 달러(약 212조 원) 규모의 발주가 예상된다.

그러나 정부 및 발주처 예산으로 프로젝트를 추진하기에는 자금이 턱없이 부족한 상황이다. 이란 정부는 원유 증산과 해제되는 해외 동결 자산을 통해 프로젝트 자금을 확보하려고 노력하고 있지만 태부족이다. 이에 따라 기존 프로젝트 및 우선순위에 따라 제한적으로 예산이 배정되고 있다.

이란 정부가 공을 들이고 있는 주요 건설 사업은 사우스 파(South Pars) 가스전 개발 및 생산량 증대, 웨스트 카룬(West Karoun) 유전 개발, 주요 광산 인프라 구축, 1,500km 도로 및 철도 확장 사업, 31개 병원 건설 사업, 7,000MW(메가와트)급 복합화력발전 사업, 스타디움 9개 건설 등이 있다.

호르무즈 해협에 있는 사우스 파 개발에만 290억 달러가 투자될 예정이다. 이 중 한국 측이 관심을 갖고 있는 사우스 파 12단계 확장 사업의 경우 36억 달러 규모다. 현대엔지니어링은 이란 측 발주자인 KPRC(Kangan Petro Refining Company)와 이 사업에 대해서 2015년 양해각서 (MOU)를 체결한 바 있어 실제 수주로 이어질지 주목된다.

한선희 코트라 대전충청지역단장(전 중동지역본부장)은 "이란의 중점 투자 분야인 석유·가스 분야는 투자 위험을 낮추는 방안을 마련 중에 있다"고 말했다.

천연가스 인프라 구축 사업도 우리에겐 기회다. 대림산업은 한국가스공사, 일본 미쓰이와 함께 40억 달러 규모 LNG 시설 건설 프로젝트

이란 주요 프로젝트 현황

구분	내용
석유 및 가스	유전 개발 200억 달러, 사우스 파 가스전 개발 290억 달러, 웨스트 카룬 중점 투자
석유화학	36개 신규 프로젝트로 1억 8,000만 톤 생산 목표
도로 및 철도	도로 총 연장 20만km, 철도 총 연장 2만 5,000km 목표
항만	샤히드라자이 항 등 반다르아바스 일대 개발
공항	이맘 호메이니 국제공항 2단계 확장 사업 추진

자료: 코트라(KOTRA)

를 협의 중이다.

이와는 별도로 이란이 천연가스 수출을 위해 역점적으로 추진하고 있는 이란~오만 심해저 가스 파이프라인 건설 공사에 한국가스공사 컨소시엄의 참여가 유력한 상태다. 사업이 성사될 경우 세계 최대 천연가스 매장량을 보유한 이란이 천연가스 수출에 나서는 통로를 한국이 만든다는 측면에서 의미 있는 대규모 사업이 될 전망이다.

이란 정부는 천연가스 수출을 위해 국가적으로 공을 들이고 있다. 이란 측 발주자는 NIOC(이란국영석유회사), NIGEC(이란국영가스수출공사)다.

이란~오만 가스 파이프라인 공사는 총 3단계로 나눠서 진행된다. 이란에서 호르무즈 해협까지 이어 주는 구간, 호르무즈 해협 구간, 오만 해안에서 LNG터미널까지로 구분된다. 이 중에서 한국이 참여를 추진하는 구간은 가장 높은 기술력이 요구되는 호르무즈 해협 심해저 구간이다. 사업 규모는 15억 달러 규모로 추정된다. 이란의 가스전 지역인 사우스 파에서 생산한 천연가스를 오만의 소하르 항구까지 보내게 된다. LNG터미널에서 선박을 통해 전 세계로 천연가스를 공급하게 될 전망이다.

이란이 직접 수출이 아니라 오만을 통한 우회 수출에 나선 것은 오만에 LNG터미널을 비롯, 천연가스 수출을 위한 인프라스트럭처가 잘 갖춰져 있기 때문이다. 오만은 가스 생산량이 감소할 것으로 전망되면서 이란 측 천연가스 수입에 공을 들이고 있다. 이란은 수출을 하고 싶지만 수출 인프라가 없어 양국의 이해관계가 맞아떨어진 것이다.

사실 이 프로젝트는 10여 년 전부터 검토돼 왔으며 2013년에는 양국 정부가 추진에 합의까지 한 바 있다. 그러나 미국의 이란 경제제재가 강화되면서 이 프로젝트는 무산 위기까지 몰렸다. 그렇지만 2016년 1월 경제제재가 해제되면서 다시 시동이 걸렸다.

비잔 쟌가네(Bijan Zanganeh) 이란 석유부 장관은 2016년 1월 오만 무스카트를 방문, 모하메드 빈 하마드 알 루미(Mohammed bin Hamad Al Rumhy) 오만 에너지부 장관과 장관급 회담을 갖고 이 프로젝트를 다시 추진하자고 손을 잡았다. 오만은 이르면 2019년부터 이란 측 천연가스를 수입하게 될 것을 희망하고 있다.

정부와 가스공사는 해당 사업과 관련 금융 지원과 함께 운영까지 할 의지를 갖고 있는 것으로 알려졌다. 파이프라인 톨비(통과료)를 낮춰 받고 가스 일부를 한국 측으로 수입하는 방식도 함께 검토되고 있는 것으로 전해졌다.

호텔도 400개 부족해

"현재 이란은 호텔이 300~400개 부족한 실정이다. 호텔에 투자하면 이익을 볼 수 있을 것이다. 장기적으로 이란과 협력 관계를 지속하려면 단순 무역에 그치지 말고 금융 투자를 확대해야 한다."

마수드 한사리 테헤란상공회의소 회장이 이란 시장 진출을 준비하고 있는 한국 기업들을 위해 이렇게 조언했다. 한국 재계를 대표해 손경식 CJ그룹 회장, 박삼구 금호아시아나그룹 회장, 구자열 LS그룹 회장, 장대환 매경미디어그룹 회장과 만난 자리에서다.

매경이란포럼 참석차 이란을 찾은 재계 총수들이 테헤란상공회의소를 방문했다. 테헤란상공회의소는 이란 최대 경제인 단체로 회원만 2만 5,000명이다. 이란 전체 GDP 50%가 테헤란상공회의소 회원들로부터 나오고 있다. 다음은 한사리 테헤란상공회의소 회장과의 대담이다.

○ **한사리 회장:** 이란에 오신 것을 환영한다. 제재 해제 전에도 이란과 한국은 사이가 좋았다. 이제 제재가 해제되면서 좋은 기회가 생겼다. 현재 한국 기업들은 이란에 헬스케어와 의료 분야에 병원 설립 등으로 수억 달러 투자를 생각하고 있는 것으로 알고 있다. 이란은 인구가 8,000만 명인 국가이고 이란에 생산 시설을 만들면 이란 근처 국가에도 제품을 수출할 수 있는 기회가 있다. 이란은 돈과 기술이 부족하다. 특히 금융이 필요해 해외에서 투자를 기대하고 있다. 4개월 전부터 140개 기업이 이란에 왔고 하산 로하니 대통령도 프랑스와 이탈리아를 방문했다. 장기적으로 협력하려면

테헤란상공회의소를 방문한 한국 재계 대표들이 이란 기업인들과 손을 잡고 두 나라 간 경제협력을 약속하고 있다. 왼쪽 둘째부터 구자열 LS그룹 회장, 장대환 매경미디어그룹 회장, 모하마드 레자 박티아리 테헤란상공회의소 부회장, 마수드 한사리 테헤란상공회의소 회장, 손경식 CJ그룹 회장, 박삼구 금호아시아나그룹 회장

단순히 수출입이 아니라 한국이 금융 투자를 해야 한다.

○ **박삼구 회장:** 현재 미국 달러화로 무역 결제가 불가능한 것으로 알고 있는데 언제부터 가능할 것으로 예상하나.

○ **한사리 회장:** 현재 유로화와 원화 결제는 가능하다. 하지만 미국 달러화는 아직 해결되지 않고 있고 정확히 언제 풀릴지 정해진 날짜도 모른다.

○ **손경식 회장:** 제재 해제로 유로화 결제가 가능하게 된 것은 큰 진척이라고 생각한다. 한국 기업에게 이란은 큰 시장이고 구매력이 있어 매력적이다. 앞으로 한국 기업들이 단순히 무역뿐 아니라 조인트벤처와 단독 투자를 할 것으로 기대한다. 의료·병원 분야 외에 한국이 투자할 만한 분야는 어디가 있나.

○ **한사리 회장:** 일단 석유와 가스, 자동차가 중요하다. 이란에서 생산해 수출하기를 희망한다.

○ **구자열 회장:** 자동차에서 구체적으로 어떤 분야인가. 자동차 부품을 말하는 것인가.

○ **한사리 회장:** 이란에서 자동차가 100만~200만 대가 생산된다. 이란에서 직접 자동차를 조립할 수 있기를 바란다. 그 외에도 냉장고 등 백색 가전, 통신 장비, 전기 제품 등이 유망하다.

○ **손경식 회장:** 물가 상승률이 연 12%에 달할 정도로 높은데 언제쯤 안정될 것으로 보는가.

○ **한사리 회장:** 과거처럼 인플레가 높게 유지될 것 같지는 않다.

○ **손경식 회장:** 제재 해제로 통화가치가 안정되면 인플레에도 도움이 될 것이라고 생각한다.

○ **한사리 회장:** 예전에는 한국이나 해외로 돈을 보내려면 높은 수수료를 물어야 했다. 이제 이 문제가 해결됐다. 신용장(L/C)도 은행에서 개설할 수 없어 한 번에 대금을 지불해야 했다. 이것이 해결되면서 큰 도움이 되고 있다.

○ **장대환 회장:** 관광산업 전망은 어떤가.

○ **한사리 회장:** 관광에 아주 관심이 많은데 숙박이 문제다. 현재 이란은 호텔이 300~400개 부족한 실정이다. 호텔에 투자하면 이익을 볼 수 있을 것이다.

○ **장대환 회장:** 이란 항공사들의 테헤란~서울 직항로 개설은 어떻게 되고 있나.

○ **한사리 회장:** 에어버스로부터 비행기 140대를 구매했는데 아직 받지는 못했다. 비행기가 도입되면 이란~한국 직항로도 도입하고 싶다.

○ **장대환 회장:** 비용 지불은 어떻게 이뤄지나.

○ **한사리 회장:** 아직 대금을 지불하지 않았는데 8년에 걸쳐 리스하는 구조다.

○ **박삼구 회장:** 한국과 이란 사람들은 서로를 좋아한다. 어느 나라보다도 좋은 파트너가 될 것이다.

○ **한사리 회장:** 경제 문제가 해결되면 문화적으로도 서로 교류가 늘어날 것이다.

○ **손경식 회장:** 외국직접투자(FDI)가 많이 늘어나고 있나?

○ **한사리 회장:** 최근 투자가 늘어나고 있다. 제재 해제 전에는 중국과 인도가 많이 투자했는데 이제는 이탈리아와 프랑스 투자가 많다. 이탈리아 보험회사인 사체(SACE)가 이란 기업들에 금융 서비스를 제공하기로 하면서 많은 도움을 받고 있다. 석유·가스 분야에 이탈리아 기업들이 투자하고 있다. 이란 석유청과 조인트벤처 만드는 계약이 이뤄져 정부 승인을 기다리는 중이다.

천지개벽 중인 반다르아바스

이란 테헤란에서 남동쪽으로 약 1,300km 정도 떨어진 항구도시인 반다르아바스. 조그만 어촌 마을이었던 이곳에 지금 천지개벽이 일어나고 있다. 40여 년 전 울산, 거제 모습이라고 보면 딱 맞을 것 같다. 호르무즈 해협을 끼고 있는 이 도시는 조선·해운업으로 대도약을 준비하고 있다.

가장 살아 있는 이란 경제를 느낄 수 있는 곳을 보고 싶었다. 사람들은 주저 없이 반다르아바스를 꼽았다. 테헤란에서 1시간 50분 정도 비행기를 타고 반다르아바스 공항에 도착해 차를 타고 서쪽으로 40분 정도를 달렸다. 이란 국영 조선사인 ISOICO(Iran Shipbuilding & Offshore Industries Complex)를 보기 위해서다.

ISOICO를 찾아서 가는 고속도로 변은 이란 경제의 역동성을 그대로 보여 주고 있었다. 4차선 도로 사이로 승용차는 거의 보기 힘들었다. 도로를 달리고 있는 차량의 70% 이상은 컨테이너차, 화물차 등 산업용 차량들이었다. 부두를 중심으로 달리는 차량들 속에서 겨울잠에서 깨어나는 이란이 우리 곁에 다가왔음을 새삼 깨닫게 됐다.

ISOICO 반다르아바스 조선소는 국내 언론에 한 번도 공개된 적이 없는 곳이다. 까다로운 심사를 거치고 여러 개의 게이트를 통과해 조선소 내부로 들어갈 수 있게 됐다. ISOICO 조선소에 들어가자 끝없이 펼쳐진 광활한 조선소 부지가 눈에 들어왔다.

이란 남동부에 위치한 항구도시 반다르아바스 시내 전경

조선소에 들어서자 가장 먼저 눈에 들어온 것은 거대한 해양구조물. 이란 가스전인 사우스 파(South Pars)에 사용될 예정인 상부구조물이다. 바로 옆에는 건조가 거의 마무리된 3만 5,000톤 급 탱커(화학운반선) 모습도 보였다. 탱커에는 이란국영석유회사(NIOC)의 자회사인 이란국영유조선회사(NITC) 이름이 선명하게 새겨져 있었다. NITC는 향후 막대한 규모의 탱커선을 발주할 예정이라 한국은 물론 세계 조선사들이 러브콜을 보내고 있는 해운사다.

이종권 ISOICO 고문은 "조선소 부지 면적은 국내 주요 조선소에 못지않지만 경제제재 기간 동안 제대로 투자가 이뤄지지 못했다"고 말했다. 이 고문은 "하지만 이란 조선 산업의 성장 가능성에 주목해 중국, 유럽 기업들이 투자를 서두르고 있어 한국도 큰 관심을 기울여야 한다"

고 강조했다.

　이란은 조선 산업을 일으키기 위해 한국 업체들의 참여를 희망하고 있다. 거대한 도크를 지어 놓고도 투자 재원 부족, 기술력 부족으로 조선소를 제대로 운영하지 못한 것이 사실이다. 중국 조선 업체들은 먼 미래를 보고 자본과 기술력까지 모두 제공하기 위해 혈안이지만 우리나라는 '강 건너 불구경'하는 식으로 쳐다만 보고 있는 것이 아쉬울 따름이다. 국내 조선 업체들이 조선 경기 불황 등으로 이란 조선 산업 투자에 엄두를 내지 못하고 있지만 기술 지도 등 자본 투자 없이 지원이 가능한 분야부터 한걸음 한걸음 나아가는 것이 시급하다.

　기자는 운 좋게 ISOICO 조선소를 방문한 날 의미 있는 행사를 구경할 수 있었다. 건조가 끝난 2,200TEU급 컨테이너선 카샨호가 5일간의 시험 운항을 끝내고 조선소로 돌아온 것을 축하하는 행사였다. ISOICO는 카샨호를 포함해 동급 컨테이너선 세 척을 건조하는 데 성공했다. 그런데 하나 신기한 점이 있었다. 건조하는 데 무려 10년이나 걸렸다는 점이다. 국내 조선사들이 들으면 웃을 일이다. 최근 국내 조선사들이 건조하는 컨테이너선은 2만TEU에 달하고 있고, 순수 건조 기간은 1년 안팎이면 충분하기 때문이다. 그런데도 ISOICO 조선소 임직원들은 들떠 있었다. 수많은 난관을 극복하고 자력으로 배를 지었기 때문이다.

　ISOICO 조선소에서 만난 한 엔지니어는 "건조 기간 중에 경제제재로 기자재 공급은 수시로 끊겼고 기술 지원을 받기도 어려웠다"고 말했

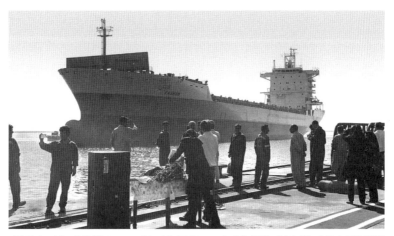

이란 반다르아바스에 위치한 ISOICO 조선소 관계자들이 ISOICO가 자체 제작한 컨테이너선 카산호가 시험 운행을 성공리에 마치고 입항하는 것을 지켜보고 있다.

다. 그래도 페르시아인들은 저력을 보여 줬다. ISOICO 관계자는 "이번 컨테이너선 건조를 통해 상당한 노하우를 축적했으며 앞으로 이 정도 선박은 2년 이내 건조할 자신이 있다"고 말했다.

'아스레 자디데 이란(Asre Jadide Iran, 새 시대의 이란)'의 대표적인 장면이다.

시베리아철도를 대체할 물류 혁명

동남부 해안 도시 반다르아바스는 해운·조선업 메카로 부상하고 있다는 점 외에도 주목해야 할 포인트가 하나 더 있다. 반다르아바스 항구가 세계 물류 혈맥을 바꿔 나갈 거점이 될 가능성이 높기 때문이다.

경제제재 해제는 이 혈맥을 다시 여러 모세혈관들과 연결하는 기폭제가 됐다. 이란은 이라크, 터키, 아르메니아, 아제르바이잔, 투르크메니스탄, 아프가니스탄, 파키스탄 등 육로로 국경을 접하고 있는 나라가 일곱 개나 된다. 반다르아바스 항만에 대한 투자가 이뤄지고 이란 내 주요 도로·철도 인프라 투자가 병행되면서 이 항만은 전례 없는 성장을 한 것으로 기대를 모으고 있다.

이런 물류 혁명은 한국과 무관한 것이 아니다. 한국에서 CIS(독립국가연합) 지역으로 건설, 플랜트 기자재를 도입할 때 루트가 바뀌고 있다. 투르크메니스탄, 우즈베키스탄 등에서 대규모 플랜트 사업을 하고 있는 현대엔지니어링이 대표적인 사례다. 현대엔지니어링은 CIS 지역에서 진행하고 있는 주요 플랜트 기자재 설비를 한국에서 공수해 가고 있

이란 반다르아바스 시내에 있는 수산시장 모습

다. 이제까지는 TSR(Trans Siberian Railway, 시베리아횡단철도), TCR(Trans China Railway, 중국횡단철도)을 이용해서 기자재를 공수했지만 이란 경제제재가 해제되면서 반다르아바스 항구를 이용한 해상운송을 결합한 새로운 물류 루트가 열리고 있다.

현대엔지니어링은 한국 기업 중에서 유일하게 반다르아바스에 지사를 2015년 말에 설립했다. 테헤란에서 물류를 관리해 오던 현대엔지니어링은 반다르아바스를 통한 새로운 물류 루트 가능성에 주목해 아예 지사를 개설했다. 반다르아바스 시내에 있는 현대엔지니어링 지사를 찾았다.

3개월여 준비 과정을 거쳐 겨우 사무실을 마련한 명완식 현대엔지니어링 지사장. 세계 어디를 가나 중국 음식점이 없는 곳은 거의 없다. 인구 80만 명의 반다르아바스는 그 흔한 중국 음식점조차 없는 열악한 환경이다. 명완식 지사장은 젓가락조차 구할 수가 없어서 테헤란에서 공수해 왔다. 이런 열악한 환경이지만 명 지사장은 이곳을 거점으로 다가올 물류 혁명에 들떠 있었다.

명 지사장은 "기존에는 TCR을 이용할 때 물류비가 TSR보다 저렴한 편이었지만 중국이 철도 이용 요금을 올리면서 이제 원가 경쟁력이 없어졌다"고 말했다. 그는 "이란 반다르아바스 항으로 해상운송을 한 뒤 이란 내륙 트래킹을 통해서 CIS 국가로 기자재를 보내면 TCR, TSR보다 물류비를 20% 정도 절감할 수 있다"고 말했다. 이곳 항만 시설 개발 역시 한국 기업들이 참여하는 안이 논의 중이어서 결과가 주목된다.

반다르아바스의 지정학적 중요성은 역사가 대변해 준다. 포르투갈은 1514년 이곳을 점령했다. 페르시안 걸프와 인도 지역의 상업 활동을 위해서 중요한 위치에 있는 도시였기 때문이다. 페르시아인들은 이 항구를 되찾기 위해 부단한 노력을 기울였다. 마침내 1622년 샤흐 아바스(Shah Abbas, 1571~1629년) 왕은 영국군의 지원을 받아 포르투갈 군대를 격퇴시키며 이 땅을 되찾아 왔다. 이후 이 지역은 반다르아바스라는 지명을 갖게 됐다. 항만이라는 뜻의 반다르와 아바스 왕의 이름을 합성한 것이다. 이란은 이곳에 해군기지를 두고 호르무즈 해협 등에 대한 경계 활동을 강화하고 있다.

흥미로운 것은 한국전력이 반다르아바스 바로 앞 호르무즈 해협에 있는 호르무즈 섬에서 기념비적인 사업을 시작할 것이라는 점이다.

조환익 한국전력 사장은 〈매일경제〉와 인터뷰에서 "호르무즈 섬을 제주도 가파도처럼 친환경 에너지를 사용해 에너지 자립 섬으로 만드는 안을 검토 중"이라고 말했다. 에너지 자립 섬이란 신재생에너지 등을 이용해 자체 전기 수요를 충당하고 탄소 배출을 제로로 만드는 프로젝트다. 주로 태양광 등을 이용해 탄소를 전혀 발생시키지 않는 섬을 조성하게 된다. 역사적으로나 지정학적으로나 중요한 호르무즈 섬을 한국이 주도해 에너지 자립 섬을 만들 경우 기념비적인 사업이 될 것으로 예상된다.

노후설비 교체시장을 노려라

이란은 호메이니혁명 이후 서방에 빗장을 걸어 두고 지낸 37년간 사실상 시간이 멈췄다. 이 때문에 각종 인프라 시설들이 노후한 것이 많아 노후 설비 개보수 시장을 눈여겨봐야 한다.

노후 발전소 개보수 프로젝트에는 한국이 참여할 여지가 크다는 분석이다. 전력 설비 노후화에 전력 부족이 예상되며 기존 발전소 개보수가 활발하게 이뤄질 전망이며 신규 발전, 배전 설비 관련 투자도 봇물을 이룰 전망이다.

조환익 한국전력 사장은 "이란에 전기 송전 과정에서 손실률을 감소시키는 시스템을 한전이 지원해 노후 송전 설비를 교체하는 안을 추진 중"이라고 말했다. 이란은 송전 손실률이 18%에 달해 3.7%인 한국보다 4배 이상 높다. 조 사장은 "에너지 손실률을 줄이는 과정에서 발생한 이익을 통해 투자금을 회수하는 모델을 검토하고 있다"고 말했다.

이와 함께 에너지 다각화 정책에 따라 풍력, 태양광 등 신재생에너지 수요가 늘어날 전망이다. 이란은 2015년까지 신재생에너지 발전 용량을 5,000MW로 확대했고, 2016년까지 풍력발전 비중을 1.5%까지 확대할 예정이다.

500여 개의 국립 병원 노후 의료 기자재 교체도 한국에게는 새로운 기회가 될 수 있다. 이란은 낙후 의료 시설 개선을 위해서 의료 산업 현대화 사업을 적극적으로 추진하고 있다.

한선희 코트라 대전충청지역단장(전 중동지역본부장)은 "이란은 공공병원 시설 및 장비 노후화로 막대한 대체 수요가 존재한다"고 말했다. 현재 의료 기기, 의약품은 생산 시설이 미비하고 낙후돼서 대부분 수입에 의존하고 있다. 검사·진단 장비와 같은 의료 기기 수출과 함께 항암제 등 의약품 진출이 유망한 분야로 꼽혔다. 코트라는 2018년까지 의료 기기 시장은 연평균 9.1% 성장할 것으로 예상했다.

이런 가운데 현대건설, 포스코, 수출입은행이 이란 최고 명문 의과대학인 시라즈의과대학의 1,000병상 규모 병원 건립에 나설 예정이어서 주목된다. 국내 기업과 개발금융기관의 시라즈의대병원 건설 참여는 이란 특수 극대화의 교두보가 될 것이라는 평가가 나온다.

포스코대우와 현대건설은 수출입은행 금융 지원을 토대로 시라즈의대병원, 마디클리닉병원 사업을 추진해 나갈 예정이다.

2016년 1월 대이란 제재 해제 이후 정부와 재계는 테헤란 등 이란 주요 지역의 종합병원 건립 지원 협의를 지속해 왔다. 먼저 중동 최대 심혈관 질환 병원으로 주목받는 1,200병상 규모 샤히드라자이병원 설립 공사에 최근 삼성물산이 참여하기로 가닥을 잡은 데 이어 이란의 대표적인 상공업 도시인 시라즈 지역 최대 규모 병원에도 국내 기업들이 참여하기로 한 것이다.

시라즈는 이란 수도 테헤란 남부 672km 거리의 상공업 도시로 옛 페르시아제국의 중심지인 파르스 주 주도다. 1949년 설립된 시라즈의과대학은 이란의 명실상부한 최고 의과대학으로 756병상 규모 나머지

병원 등 11개 병원을 보유
하고 있다. 현대건설은 총
사업비 5억 달러(약 6,000억
원) 규모 병원 신축 공사를
맡고 수출입은행이 총사업
비 85%가량의 금융 지원
에 나서는 방식이다.

이란 시라즈의과대학 개요

발주처	이란 보건부
건물	시라즈 지역 1,000병상급 대학 병원
시공사	현대건설
총사업비	5억 달러
금융 지원	수출입은행(총사업비의 85%)
의료 장비	포스코대우(옛 대우인터내셔널)

포스코대우는 이 병원 의료 장비 지원에 나설 예정이다. 포스코대우
는 이란 보건부가 추진 중인 테헤란 소재 마디클리닉병원 설립 공사에
도 참여하는 방안을 추진하고 있다.

이란 정부가 의료 기반 확충에 관심이 높은 상황에서 인도적 사업이
라는 상징성이 큰 병원 건립 사업이 본격화하면 포스코와 현대건설 등
국내 기업들은 이란에서 계열사 간 시너지 효과를 내면서 다양한 사업
을 펼칠 수 있을 것으로 기대되고 있다.

반다르아바스 항만 현대화 사업도 우리나라가 눈여겨볼 대목이다.
해상무역의 85%를 담당하는 반다르아바스 항만은 노후 시설을 교체하
며 시설 확대를 추진 중이다. 샤히드라자이 항은 5억 달러 규모의 3단
계 발전 계획을 세워 둔 상태다. 이미 독일 등 유럽계가 군침을 흘리고
있어 한국 기업들의 발 빠른 대응이 필요하다.

우루무치까지 직항로 개설한 이란

　이란에 체류 중 호텔난으로 이 호텔 저 호텔을 전전하던 중에 신기한 광경을 목격했다. 외모상으로는 중국인으로 보이지 않았지만 중국어를 쓰는 10여 명의 출장자들 이야기다. 이들은 기자에게 먼저 다가와 중국인이냐고 물었다. 아니라고 하자 사신들은 우루무치에서 왔다고 소개했다. 중국 서부 내륙에 있는 중국인들까지 이란에서 사업 기회를 찾고 있다는 사실이 신기하게 느껴졌다. 그러나 이건 이란과 중국 간 관계를 너무 모른 단견에서 나온 생각이었다.

　특히 중국과 이란 간 항공 노선을 보고 더 놀랐다. 이란 항공사인 마한항공은 테헤란에서 베이징, 상하이, 광저우는 물론 우루무치까지 직항 노선을 취항 중이다. 설마 우루무치까지 직항이 있을 것이라고는 생각하지 못했다.

　실크로드 루트를 따라 활발한 교류가 있었고 현재까지 이어지고 있는 것이다. 테헤란에서 베이징까지 직항을 타면 6~7시간이면 날아갈 수 있다. 이란을 떠올릴 때 심리적인 거리는 멀게 느껴지지만 물리적인 거리는 생각보다 가깝다는 이야기다.

　직항 노선의 중요성은 두말할 나위가 없다. 사람이 움직여야 돈이 움직이고 모든 것이 따라 움직인다.

　경제제재가 풀리며 세계 주요 항공사가 테헤란에 직항 노선 개설에 사활을 걸고 있다. 에어프랑스는 파리~테헤란 노선을 복원했고, 영국

브리티시에어웨이스는 런던~테헤란 노선을 복원한다고 발표했다. 간신히 명맥만 유지돼 왔던 서방 세계와 하늘길이 봇물 터지듯이 열릴 전망이다. 경제제재 이전에 테헤란과 유럽을 잇는 노선은 로마~테헤란(알이탈리아항공), 프랑크푸르트~테헤란(루프트한자), 빈~테헤란(오스트리아항공) 정도였다.

대한항공이 곧 인천~테헤란 직항 노선을 개설할 예정이라고 밝혔다. 이란 하늘길 개척에는 단기간에 세계 최고 최대 규모 항공사로 성장하고 있는 에미레이트항공의 전략을 배워야 할 필요성이 있다. 에미레이트항공은 공급이 수요를 창출한다는 역발상 전략으로 하늘길을 점령해 나가고 있다. 에미레이트항공은 이란이 경제제재를 받고 있는 기간에도 공격적인 영업을 펼쳐, 테헤란을 들어가려면 두바이를 거쳐야 한다는 불문율을 탄생시켰다. 지금도 에미레이트항공은 두바이~테헤란 노선을 하루 네 번이나 띄우며 두바이를 테헤란으로 가는 관문으로 키우고 있다. 이 외에도 에티하드항공, 카타르항공이 각각 아부다비, 도하와 테헤란을 잇는 노선을 운영하며 에미레이트항공과 경쟁적으로 허브 공항 경쟁을 벌이고 있다.

이란 정부가 공항 현대화를 위해 대규모 투자 계획을 세우고 있는 점도 주목해야 한다. 이란은 사막, 산맥 등으로 도로, 철도 등 장거리 내륙 교통수단이 발달하지 못했고 항공교통에 의존하고 있다. 이란항공, 마한항공 등 이란에 항공사만 아홉 개가 있다는 점은 놀라운 사실이다. 국내선 항공료는 비싸지 않은 편이다. 다만 인터넷, 신용카드를 통한 예약 문화가 거의 없어 여행사를 통해 원시적인 방법으로 예약을 해야 해 불편하다.

또 일부 저가 항공사들이 단종되고 생산된 지 20여 년이 된 노후화된 항공기를 많이 쓰고 있어 문제로 지적되고 있다. 특히 1997년 보잉에 합병된 맥도넬 더글러스(McDonnell Douglas)사가 제조한 DC 기종들이 아직도 이란에서는 쓰이고 있다. 이는 경제제재 기간 동안 제대로 신형 항공기를 도입하지 못했기 때문이라고 한다.

이란은 향후 국제공항 8개, 민간공항 54개 등 140개의 활주로를 건설할 계획이다. 테헤란 이맘 호메이니 국제공항은 수용 능력을 현재 650만 명 수준에서 9,100만 명으로 대폭 확장한다는 야심 찬 계획을 갖고 있다. 이맘 호메이니 공항은 22억 달러 규모의 2단계 확장 사업을 계획하고 있다. 이란 정부는 공항 인근에 자유무역지대, 특수경제구역 등을 만들어 국제공항도시(Aerotropolis)를 건설한다는 계획이다.

| 인터뷰 |

한국 기업의 적극적인 참여를 기대합니다

하산 타헤리안 주한 이란 대사

"이란에서 오랜 기간 훌륭한 명성을 쌓은 한국 기업에 큰 기대를 갖고 있습니다." 하산 타헤리안 주한 이란 대사는 〈매일경제〉와의 인터뷰에서 한국 기업들이 이란 시장에서 할 수 있는 일이 많다고 설명했다.

타헤리안 대사는 이란 정부가 갖고 있는 대규모 개발 계획을 소개하며 한국 기업의 적극적인 투자를 요청했다. 무엇보다 이란의 풍부한 천연자원 관련 사업에서 한국 기업의 역할이 많다고 소개했다. 타헤리안 대사는 "향후 5년 동안 석유와 천연가스 관련 부문에서만 50개의 프로젝트가 추진될 예정"이라며 "총 1,850억 달러(약 223조 원)에 이른다"고 설명했다. 이란은 천연가스와 석유 매장량이 각각 전 세계 1위와 4위인

자원 부국이다.

타헤리안 대사는 아울러 비에너지 분야에도 관심을 가져 달라고 요청했다. 그는 "정보통신기술(ICT)과 교통, 의료 등 석유 외 분야에서도 투자가 본격적으로 이뤄질 것"이라고 설명했다.

그는 "오래전부터 이란에 사무소를 운영하고 품질 좋은 제품을 판매해 한국 기업들의 평판이 좋다"며 "한국 기업들이 이란에서 비즈니스를 하기에 우호적인 분위기"라고 설명했다. 또 한국 기업들은 한류의 인기 등을 활용할 경우 손쉽게 이란 시장에 진출할 수 있다고 강조했다.

타헤리안 대사는 "이란 시장에서 각국 기업들의 경쟁이 보다 치열해졌다"며 "한국 기업들이 더 빠르고 공격적으로 움직여야 한다"고 강조했다. 한국 기업들에 유리한 진출 분야로는 금융, 건설, 의료를 꼽았다. 타헤리안 대사는 "건설과 플랜트 투자 확대로 프로젝트파이낸싱(PF) 수요가 늘어날 것"이라며 "건설사와 금융사가 손잡고 시장에 진출하면 시너지 효과가 발휘될 것"이라고 조언했다. 2016년 상반기 중 이뤄질 박근혜 대통령의 이란 방문에 대해서 타헤리안 대사는 "한국과 이란은 1962년 국교 관계를 수립한 이후 줄곧 우호적인 관계를 유지했다"며 "박 대통령의 방문을 통해 양국이 보다 깊은 관계로 발전할 것"이라고 기대했다.

2014년 7월 한국에 부임한 타헤리안 대사는 1980년부터 1985년까지 서울에서 근무했고, 1992년부터 1993년에는 북한 주재 이란 대사를 지내는 등 한국과 인연이 깊다.

| 기고 |

다가오는 이란 시대

유달승 한국외국어대학교 이란어과 교수

2016년은 '이란의 해'라 불러도 무색할 만큼 연일 국제 뉴스 중심에 이란이 있다. 세계 각국은 이란을 '기회의 땅'이라고 부르고 있고 이란 시장을 선점하기 위해 정상 외교를 통한 관계 개선을 추진하고 있다. 세계가 이란을 주목하는 이유는 이란이 단지 37년 만에 서방 측 경제제 재가 해제되면서 빗장이 풀린 미개척 시장이기 때문만은 아니다.

이란은 서방 세계와 대립하고 갈등하는 대표적인 나라로 '국제사회 이단아'로 알려져 왔지만 그 배경에는 이란에 대한 영향력을 확대하려 는 이해관계가 첨예한 국가들의 개입에 따른 결과가 숨어 있기도 하다. 이란은 풍부한 에너지자원과 상당한 광물자원을 보유하고 있는 나라로, 석유 매장량은 세계 4위, 천연가스 매장량은 세계 1위이며, 대표적인 광물자원으로는 구리(세계 9위), 철광석(세계 12위), 아연(세계 17위), 석탄(세계 26위) 등이 있다. 지정학적으로도 이란은 자원 이동에 중요한 역할을 차지하고 있다.

이란은 자원의 보고로 알려진 페르시아 만(세계 석유 매장량 중 3분의 2)과 카스피해(세계 석유 매장량 중 5분의 1)를 연결하는 유일한 국가로 에너지 지정학의 허브이자 중앙아시아로 연결되는 통로이기도 하다. 또한 '세계 에너지의 생명선'이라고 불리며 전 세계 석유와 천연가스 수송량 중 약 40%가 통과하는 호르무즈 해협도 끼고 있다. 이 밖에도 이란은 중동에서 두 번째로 인구가 많은 거대한 소비 시장이며 동시에 제조업도 발전해 있어 이 지역 최대 자동차 생산 국가다.

역사적으로도 이란은 중동 역사의 중심에 서 있다. 중동 근대화 운동, 자원민족주의 운동 그리고 이슬람주의 운동을 주도한 이란은 사실상 중동 역사 발전의 견인차 역할을 해 왔다. 1906년 이란입헌혁명은 외세와 독재에 반대하는 반식민주의 운동이자 반전제주의 운동으로 중동 최초의 근대화 혁명이었다. 1979년 이란의 이슬람혁명 이후 중동에서는 아랍민족주의와 아랍사회주의를 대신해 이슬람주의가 본격적인 대안 이론으로 확산되었다.

물론 이슬람주의는 이슬람 종교와 함께 오랜 역사를 가지고 있지만 사실상 중동 지역 현대사에서 이슬람주의가 정치 운동으로 등장한 시기는 이때부터라고 할 수 있다. 이슬람혁명이 기존 혁명들과 다른 점은 종교를 전면에 내세웠고 이슬람혁명 이후 수립된 이란이슬람공화국이 이슬람 원칙과 규범을 기초로 한 정치·경제·문화 제도를 포괄하는 체제를 표방했다는 점이다. 2014년에 이슬람 극단주의 단체인 이슬람국가(IS)가 등장한 이후 이슬람에 대한 부정적인 시각이 팽배하고 있다.

그러나 이런 시각과는 다르게 이란의 이슬람주의는 진화하고 있다. 1990년대 중반 이후 등장한 '포스트이슬람주의'라는 용어는 이란의 이러한 정치 변화를 의미한다. 기존 이슬람주의가 종교와 사회적 책임의 결합이라고 한다면, 포스트이슬람주의는 종교와 함께 개인 권리를 강조한 점이 다르다. 이란은 현재 새로운 정치 실험을 하고 있다. 이것은 보다 더 자유로운, 보다 더 개방적인 사회를 추구하는 이슬람 정치 실험으로 보인다.

중동을 장악하면 세계를 지배한다는 말이 있다. 중동의 중심은 이란이고 중동의 미래는 이곳에서 시작된다. 전 세계 관심과 이목이 이란에 집중되는 이유는 바로 여기에 있다. 앞으로 이란 행보를 지켜보자.

월드컵 거리 응원에도 정부 허가가 필요한 나라

2014년 6월 브라질 월드컵이 한창 열리던 때였다. 당시 이란은 본선에 진출해 아르헨티나, 나이지리아, 보스니아 헤르체고비나와 함께 F조로 편성됐다. 전통의 강호 아르헨티나 정도를 제외하고 나머지 세 팀의 전력은 큰 차이가 없었기에 16강에 진출할 수 있을지 전 이란 국민의 관심이 쏠리고 있었다.

테헤란의 축구 열기를 틈타 현지에 진출한 한 한국 대기업이 거리 응원 행사를 개최하고자 했다. 자사 제품도 홍보하고 기업 이미지도 개선할 수 있는 좋은 기회였다. 정부 허가를 얻어 초대형 TV를 설치한 뒤 행사를 열었다. 이란 국민들의 호응도 열성적이었다.

그런데 전반 20분쯤 지났을 때 갑자기 TV 화면이 꺼지더니 한 무리의 건장한 남성들이 우르르 달려와 집기를 들어내고 관중을 해산시켰다. 현지 주재원들이 정부 허가증을 보여주며 항의를 했지만 남성들은 "그런 종이는 우리에게 아무 효력이 없다. 이런 행사를 개최하지 말라"고 무시하고 행사를 망치고 말았다. 이 남성들의 정확한 신분은 알 수 없지만 정부 소속 사복 경찰일 수도 있고 아니면 혁명수비대 소속 요원이거나 혁명수비대의 영향력 하에 있는 민병대 '바시지' 조직원이었을 것이다.

이란에서 행사를 개최하기 위해서는 정부의 허가가 있어야 하지만 그것으로 다 끝나는 것이 아니다. 기관 간의 협조가 되지 않아 한 기관으로부터 허락을 받아도 다른 기관에서 행사 진행을 가로막는 경우도 허다하다. 혁명수비대와 바시지가 행사를 방해하는 경우도 있다. 이들은 정부와는 별개의 조직이지만 사실상 경찰권과 사법권을 지닌 조직이다. 가능하다면 행사 개최 전 정부 허가는 물론이고 현지 인맥이나 코트라, 대사관 등을 통해 혁명수비대가 혹시나 방해할 여지가 있는지도 알아 두는 편이 안전하다.

2 생각보다 깊은
한국과 이란의 인연

북한보다 한국과 먼저 수교한 이란

우리나라는 1962년 10월 이란과 처음으로 외교관계를 수립했다. 이는 1973년 수교한 북한보다도 더 빠른 것이다. 양국은 1967년 주이란 한국대사관을 개설했고 1975년 주한 이란대사관을 개설했다. 또한 1969년 5월에 우호조약, 1974년 7월에 문화협정, 1975년 7월에 경제기술협력협정, 1976년 2월에 무역협정, 1977년 5월에 수산협력협정, 1998년 10월에 항공협정, 투자보장협정, 2006년에 이중과세방지협정, 2013년 7월에 체육교류협력 양해각서 등을 체결했다.

이란은 한국의 중동 지역 건설 진출이 가장 먼저 이루어진 나라이기도 하다. 1975년 3월 삼성종합건설이 코람샤르항만확장공사를 수주한 것이 처음이었다. 우리가 흔히 이야기하는 중동 건설 붐의 시작은 이란이었던 것이다. 이란의 건설 수주 가운데 1988년 12월에 완공한 캉간 지역의 일산 3,400만 배럴의 가스 공장은 대림산업이 현지 발주처의 신뢰를 쌓는 데 결정적인 역할을 했다. 제24회 서울 올림픽에는 41명의 이란 선수단이 참가하였으며, 이란 외무부의 국제연구소와 테헤란대학 등에서는 한국학 연구가 이루어지고 있다.

한편 북한은 1973년 4월 15일에 수교를 해 현재 상주대사관을 유지하고 있다. 양측은 1973년 9월에 무역 및 지불협정, 1974년 9월에 문화협조협정, 1978년 6월에 통신사간상호협력협정, 1981년 8월에 도로문송협정, 1982년 10월에 체육분야협조협정, 1986년 8월에 수항공운전협정, 1989년 6월에 무역 및 경제기술협정, 1991년 2월에 원유공급협정, 1991년 5월에 체신분야상호협조합의서, 1994년 1월에 사증면제협정, 1995년 6월에 외무부 간 협조에 관한 합의서를 체결했으며 이란에는 북한의 무역상사원, 어업 관계, 군사 요원이 체류하고 있다.

북한은 이란의 이슬람혁명 이후 이라크와의 외교 관계를 단절시키면서까지 이란에 접근해 왔으며, 1989년 5월에는 당시 이란 대통령이었던 하메네이(현 최고지도자)가 북한을 방문하는 등 협력 관계 강화와 교역 확대를 꾀하고 있다. 이는 반미 국가이며 핵 개발 국가라는 양국의 공통점에서 나온다.

북한이 이란과 가깝게 지내는 것은 우리나라 입장에서는 외교적으로 크게 부담스러운 부분이다. 1980년대 이란이라크전 때는 북한이 이란에 무기를 제공하기도 했다. 특히 핵 개발 과정에서 북한이 이란에 기술을 제공했다는 의혹이 나오면서 우리나라와 이란의 관계는 더욱 껄끄러워지기도 했다.

이란이 핵 개발을 포기하면서 우리나라는 북한이 이란의 모델을 따라가기를 기대하고 있다. 이란이 국제사회의 경제제재로 결국 핵 개발을 포기했듯이 북한도 2016년부터 시작된 유엔과 미국 등의 경제제재로 변화하기를 기대하는 것이다.

테헤란로와 서울로

1977년 박정희 전 대통령은 1973년 오일쇼크 당시 이란이 중동 국가 중 유일하게 한국에 석유를 공급해 준 것에 대한 감사의 표시로 강남역부터 삼성역에 이르는 3.7km 길이의 삼릉로를 '테헤란로'로 명명했다. 당시 이란의 팔레비 국왕도 양국 간 우호 증진의 이유로 테헤란의 약 3km 길이 도로에 '서울스트리트(서울로)'라는 이름을 붙였다. 1977년 6월에는 골람 레자 닉페이 테헤란시장과 구자춘 서울특별시장이 '서울─테헤란길명 교환합의서'를 맺었다.

팔레비 국왕은 1978년 박 전 대통령의 이란 방문을 추진했으나 박 전 대통령의 서거와 1979년 이란혁명으로 우리 대통령의 이란 방문은

테헤란의 서울로(왼쪽)와 서울의 테헤란로(오른쪽)

성사되지 못했다. 박 전 대통령의 딸인 박근혜 대통령의 이란 방문은 그래서 더욱 의미가 있다.

테헤란로는 서울의 대표적인 상업 지구로 한때는 벤처 붐의 중심이기도 했다. 지금도 고층 빌딩이 즐비하다. 이란 서울로는 테헤란의 대표 상업 지구는 아니지만 중요한 위치에 있다. 테헤란 최고급 호텔인 페르시안 아자디 호텔, 테헤란 국제 엑스포 등이 서울로와 연결되어 있다.

테헤란에는 서울로뿐만 아니라 서울공원과 서울광장도 있다. 테헤란시가 한·이란 수교 40주년을 기념해 자발적으로 만든 것이다.

서울공원

한국과 이란 교역 1위 품목은?

    이란은 사우디아라비아와 아랍에미리트연합국(UAE) 다음으로 중동에서 한국의 무역 규모가 큰 곳이다. 2012년에는 양국 무역 규모가 148억 달러에 이르기도 했다. 하지만 경제제재 영향으로 2012년 이후 무역 규모는 크게 줄어들었다. 2014년 87억 달러, 2015년 60억 달러까지 떨어졌다. 경제제재가 해제되면서 2016년에는 무역 규모가 다시 회복될 수 있을 것으로 기대된다.

    2015년 기준 우리나라의 대이란 수출 1위 품목은 합성수지다. 전체 37억 달러 중 약 4억 달러를 차지한다. 다음은 승용차(3억 7,000만 달러), 자동차 부품(2억 9,600만 달러) 순이다. 우리나라의 주요 수입 품목은 원유다.

대이란 수출 상위 10대 품목   (단위: 백만 달러)

품목명	2015년	2016년 1월~2월
합성수지	406	49
승용차	372	21
자동차 부품	296	19
냉장고	141	12
평판디스플레이	125	13
인쇄용지	100	18
건설 중장비	63	12
타이어	55	18
에어컨	37	21
철 구조물	1	12

자료: 한국무역협회

2015년 기준 원유 22억 달러를 수입했다.

　이란의 주요 수출 품목은 원유가 1위이지만 플라스틱, 화학제품, 철강 등 제조업 수출도 활발하다. 이 외에도 과일과 견과류, 야채, 유제품도 이란의 주요 수출 품목이다. 주요 수입 품목은 기계류와 차량 등이다. 대이란 최대 수출국이면서도 이란이 가장 많이 수출을 하는 국가는 중국이다.

이란에선 당신도 한류 스타

　이란에서는 2006년부터 2009년 사이에 한국 드라마 열풍이 불었다. 2006~2007년 방송된 〈대장금〉은 현지에서 최고 시청률이 90%까지 치솟았고 2008~2009년 방송된 〈주몽〉은 최고 시청률 85%를 기록했다. '대장금'은 이란어로 발음이 어렵기 때문에 '양금'이라는 애칭으로 불리고 있다.

　〈주몽〉의 주인공 송일국이 이란을 방문했을 때 일화는 유명하다. 송일국을 보기 위해 인파가 몰리면서 이란 공항이 거의 마비가 될 정도였고 심지어 경호원들도 기회가 되면 팬으로 돌변해 사인을 요청했다. 한 10대 이란 청소년이 〈주몽〉에서 소서노 역할을 맡던 한혜진을 너무나 흠모한 나머지 그녀와 결혼하러 한국에 가고 싶다고 가족들에게 말했다가 반대하자 자살을 기도한 일까지 있었다.

한국 드라마가 어째서 이렇게 높은 인기를 누렸을까. 여기에는 문화적인 이유가 있다. 이란은 한국과 마찬가지로 가족을 중요하게 생각하고 자신보다 높은 사람에게 복종하는 문화가 있다. 그러다 보니 한국의 전통적 가치관이 드러나는 사극이 통할 수밖에 없었던 것이다. 한국 사극은 이란 방송에서 꺼려하는 요소가 없다는 점에서 이란에서 방영되는 데 어려움이 없었다. 예를 들어 여성이 신체를 노출하는 드라마는 이란에서 방영이 어려운데 사극에서는 전통 의상을 입다 보니 신체 노출이 별로 없다.

사실 90%라는 경이적인 시청률이 가능했던 것은 이란에 방송 채널 수가 몇 개 없고 우리나라처럼 저녁에 술을 마시는 문화가 없다는 점이 컸다. 〈대장금〉과 〈주몽〉 이후 〈해신〉, 〈바람의 나라〉, 〈상도〉, 〈이산〉, 〈해를 품은 달〉 등 한국 사극들이 계속 소개되고 있다.

〈대장금〉과 〈주몽〉의 연이은 성공은 이란에서 한국의 이미지를 급상승시켰고 한국 제품이 성공을 거두는 원인 중 하나가 되었다. 실제로 이란에 가서 한국인이라는 것을 밝히면 대단히 우호적인 반응을 얻을 수 있다. 특히 비슷한 동양권인 중국이나 일본과 비교하면 더욱 그렇다.

한국 드라마가 방송을 통해 이란 전 계층에 한국을 알렸다면 요즘의 이란 젊은이들은 인터넷을 통해 한류를 접하고 있다. 엑소(EXO)나 소녀시대 같은 한국 아이돌, 〈응답하라 1988〉 같은 한국 드라마를 인터넷을 통해 실시간으로 접하고 있다.

〈대장금〉과 〈주몽〉보다 먼저 이란에 퍼진 한류는 바로 태권도다. 이란에만 태권도 도장이 3,800곳 태권도 인구가 200만 명에 달한다. 전 세계에서 유일하게 프로 리그가 열리고 있고 이런 저력에 힘입어 종주 국인 한국을 위협하는 태권도 강국이다. 태권도는 이란 정부가 여성들에게 허용한 몇 안 되는 스포츠 중 하나다. 도복이 몸을 가리고, 헤드기어 안에 히잡(얼굴만 남기고 머리카락을 가리는 스카프)을 써서 머리카락을 가릴 수 있다는 이유에서다.

한국산이 휩쓰는 이란

이란에 도착해서 차를 타고 다니다 보면 한국산 자동차가 유난히 많은 것을 발견할 수 있다. 현대차가 유난히 많이 발견되며 기아차의 구 프라이드 베타도 많이 발견할 수 있다.

그뿐만이 아니다. 이란 공항에서부터 최고급 호텔까지 곳곳에 LG전자와 삼성전자의 TV를 발견할 수 있다. 한국산 가전제품의 시장점유율은 70~80%에 달한다.

이란에서 기아 프라이드를 많이 발견할 수 있는 것은 기아차가 이란의 국영 자동차 기업인 SAIPA와 합작 법인을 만들고 1993년 프라이드 조립 공장을 만들었기 때문이다. '사바'라는 브랜드로 판매된 이 차량은 이란에서 큰 히트를 기록하면서 이란 국민차가 됐다. 하지만 2005년 기아차가 철수하면서 SAIPA는 부품을 수입해 완성차를 생산하고 있다.

국내 가전 회사들이 이란에서 성공을 거둔 건 현지화와 한류 효과가 크다. LG전자는 2013년 섭씨 60도 이상의 고온에서 강력한 냉방 성능을 제공하는 '타이탄 빅 II'를 출시해 큰 인기를 끌었다. 이 제품은 혹서에서도 견딜 수 있도록 설계되어 있으며 실내 흡연율이 높은 중동 현지 소비자들을 위해 담배 연기 제거 기능도 탑재했다. LG전자는 〈주몽〉이 한창 인기가 높을 때 주연배우인 송일국을 초청해 마케팅하기도 했다.

동부대우전자는 자신의 물건에 손대는 것을 싫어하는 중동인의 특성에 착안해 1998년 자물쇠 냉장고를 선보여 150만 대 넘게 팔았다. 2014년에는 얇고 부드러운 히잡이 망가지지 않도록 부드럽게 세탁해 주는 '이슬라믹 린스' 기능을 추가한 히잡 세탁기를 내놓았다.

과거 대우그룹의 영향으로 대우 브랜드는 여전히 이란에서 영향력을 가지고 있다. 이란 전자 회사인 엔텍합이 동부에 인수되기 전 대우일렉트로닉스 인수를 추진했던 것도 이런 영향이 있다. 엔텍합이 대우일렉트로닉스 제품을 수입해 판매하거나 주문자상표부착 방식으로 거래를 해 왔기 때문이다.

우리나라 대표 시계인 로만손도 이란에서 인지도가 높은 브랜드다. 19년 전 진출해 시장점유율 1위를 차지하고 있다. 이란 시내에서는 로만손 광고를 쉽게 발견할 수 있다.

이란에서 성공을 거두고 있는 의외의 기업은 한국 대표 담배 회사인 KT&G다. KT&G는 2009년 현지 공장을 만들고 직접 담배를 생산해 판매하고 있다. 시장점유율은 10% 내외다.

대표적인 제품은 한국에서도 인기가 많은 '에쎄'다. 에쎄는 현재 이란에서 판매되는 KT&G 제품들 중 약 90%를 차지하고 있다. 2015년의 경우 수출 금액이 2,470만 달러에 달했다.

KT&G는 담배뿐만 아니라 홍삼도 수출하고 있다. 인삼공사 관계자는 "이슬람권에서 홍삼은 동양의 신비로운 묘약이라는 인식이 있다"면서 "할랄(이슬람 율법에 의해 무슬림이 먹고 쓸 수 있도록 허용된 제품) 인증을 받은 후 수출이 늘어나고 있다"고 밝혔다.

《쿠쉬나메》 1,400년 전 신라와 이란의 연결 고리

페르시아 왕자가 신라 공주와 결혼해 자식까지 낳았다?

《쿠쉬나메》는 페르시아제국 설화를 모은 이란의 대서사시다. 11세기에 채록된 《쿠쉬나메》는 그동안 대영박물관 서고에 묻혀 있다가 1998년 이란어로 처음 번역돼 세상에 알려졌다. 여기에는 지금으로부터 1,400년 전인 7세기 무렵 멸망한 페르시아 사산왕조의 유민 이야기가 나온다. 유민의 지도자였던 왕족 아비틴은 중국을 거쳐 바실라(Basila)에 도착해 바실라 왕의 환대를 받고 바실라의 공주 프라랑과 결혼해 살다가 어부의 도움으로 다시 이란에 돌아온다. 그 이후 아비틴과 프라랑 사이에서 태어난 파리둔이 페르시아에서 아라비아군을 물리치고 조상들의 원수를 갚는다.

여기 등장하는 바실라가 우리나라 신라라는 설명이 설득력을 얻고 있다. '바(Ba)'는 고대 페르시아어로 '더 좋은, 아름다운'이라는 뜻이라고 한다. 풀이해 보면 바실라는 '더 좋은 신라, 아름다운 신라'라는 의미다.

이 구전설화가 역사적 사실에 바탕을 둔다면 페르시아 왕자가 신라 공주와 결혼했다는 것이 된다. 실제 역사를 보면 서기 650년, 이슬람 제국에 패해 멸망한 사산왕조 페르시아의 마지막 왕자 피루즈가 중국 당나라로 망명했다는 기록이 있다.

여기에 왕족 아비틴이 신라 설화에 나오는 '처용(處容)'이라는 설명도 나온다. 처용은 아내의 불륜을 목격하고 화를 내기는커녕 춤추고 노래를 불러서 오히려 역신을 물리쳤다는 신라 설화에 나오는 인물이다. 《고려사》에는 처용을 묘사한 대목이 나온다.

"신라 헌강왕이 학성에 갔다가 돌아왔을 때 기이한 몸짓과 옷차림을 한 사람이 임금 앞에 나타나 노래와 춤으로 덕을 찬양했다. 그는 자기를 처용이라 불렀다."

페르시아의 왕족 아비틴이 바실라에 온 시기는 신라 헌강왕 집권기 무렵과 겹친다.

두 사람이 실존 인물인 것을 떠나 양국 간에 교류가 있었다는 것은 사료적인 증거가 있다. 신라 고분에서 유리 제품, 서양식 여신상이 새겨진 은제 그릇 등이 출토됐기 때문이다. 경주 괘릉 무인석에 등장하는 우람한 체격에 높은 코, 곱슬한 콧수염을 한 인물이 페르시아인이라는 학계의 주장도 있다.

우리에게 《왕오천축국전》으로 알려진 신라 승려 혜초가 733년 인도를 지나 페르시아를 방문했다는 기록이 남아 있다. 또한 페르시아 지리학자 이븐 쿠르다지바는 845년 "이 나라에는 금이 많으며 무슬림이 일단 들어가면 그곳의 훌륭함 때문에 정착하고야 만다"라며 신라에 대한 기록을 남긴 바 있다. 14세기 초 페르시아 역사학자는 처음으로 '코리아'라는 이름을 역사 기록에 남겼다.

2010년 《쿠쉬나메》를 우리나라에 소개한 이희수 한양대학교 교수와 이란 언어학자인 다르유시 아크바르자데 교수는 2014년에는 《쿠쉬나메》를 한국어로 일부 번역한 책을 내기도 했다. 또한 이 서사시에서 아이디어를 얻어서 '바실라'라는 국내 창작 무용극과 소설이 만들어지기도 했다.

제재 기간 중 떠난 것에 대한 섭섭함

본격적인 경제제재가 이뤄지기 전만 해도 가깝게 지내던 우리나라와 이란은 2010년 한국도 경제제재에 참여하게 되면서 사이가 멀어지게 된다. 당장 이란 기업과 무역 결제 자체가 이뤄질 수 없게 되면서 수출이 중단되고 거래가 끊겼다. 이처럼 이란과 가깝던 한국 기업들이 경제제재 기간 동안 떠나간 것은 이란 국민과 기업들에게 큰 섭섭함을 안겨 줬다.

한국이 떠난 자리를 채운 것은 다름 아닌 중국 기업들이다. 한국 기업들이 이란 건설 시장을 떠난 데 반해 중국은 경제제재 기간에도 이란에서 계속 사업을 해 왔다. 이미 2009년 이후 중국은 이란의 최대 교역국이 된 상태다.

이란포럼 기간에도 이란 고위 공무원들과 기업인들은 한국이 제재기간 중 떠난 것에 대해 섭섭함을 표시했다. 특히 그동안 서방 기업들이 떠나면서 편하게 시장점유율을 높여 왔던 한국이 이란을 버린 것에 대한 서운함이 컸다.

이란 경제제재가 해제되면서 전 세계가 이란 시장에 진출하기 시작했다. 특히 오랜 시간 이란에 공을 들여 온 프랑스와 이탈리아가 가장 앞서 있다. 2016년 1월 경제제재가 풀리자마자 프랑스를 방문한 하산 로하니 이란 대통령은 300억 유로(약 40조 원)에 달하는 돈 보따리를 풀었다. 에어버스 항공기 118대를 산 것을 시작으로 20여 건의 대규모 계약을 잇달아 체결했다.

로하니 대통령은 이에 앞서 이탈리아에서도 22조 원에 달하는 투자 계약을 맺었다. 이탈리아 석유 인프라 개발 업체 사이펨이 6조 5,000억 원 규모의 사업을 따냈고, 이탈리아 철강 업체 다니엘리도 7조 4,000억 원 규모의 계약을 했다.

이탈리아는 1997년 모하마드 하타미 전 이란 대통령을 초청한 이래 친이란 행보를 이어 왔다. 프랑스는 1979년 이슬람혁명의 주역 아야톨라 루홀라 호메이니 최고지도자에게 망명처를 제공하기도 했다.

이에 화답하듯 이들 국가들은 이란에 대규모 투자도 약속했다. 프랑스 푸조는 44억 달러를 투자해서 이란 자동차 회사 호드로(Khodro)와 합작 법인을 설립하고, 2017년부터 매년 20만 대의 자동차를 생산한다는 계획을 내놨다.

중국은 시진핑 주석이 2016년 1월 23일 외국 정상으로는 처음으로 이란을 방문해 '전면적 전략 동반자 관계'를 선언했다. 산업, 문화, 법률 등의 분야에서 향후 25년간 17개 협력 사업을 진행하고, 교역 규모를 10년 안에 현재의 11배인 6,000억 달러로 늘리기로 합의했다.

다른 국가 정상들도 이란 경제 외교에 적극적이다. 2016년 연초 이후 두 달 동안 중국 외에도 아제르바이잔, 가나, 스위스 정상이 직접 이란을 찾았다.

이런 국가들에 비하면 한국은 한참 뒤져 있다. 오랜 관계를 맺어 온 유럽, 경제제재의 공백을 차지한 중국에 비하면 한국은 지나치게 소극적이라는 것이다. 우리나라의 대이란 대규모 투자라고 해도 2009년 KT&G가 공장을 세운 것뿐이다. 이란 전문가들은 우리가 이란에서 성공을 거두려면 이란에 투자하고 이란에 제대로 도움이 되어야 한다고 조언한다. 한류만으로는 이란 사람들의 마음을 사로잡을 수 없다는 것이다.

현지서 뛰는 한국 기업은

최병민 깨끗한나라 회장은 2016년 2월 매경이란포럼 기간 중 현지 제지 도매 업체 25개 사를 초청해 IR 행사를 열었다. 행사는 예상보다 10여 곳이 더 참석해 성황을 이뤘다. 최 회장은 "그간 경제제재를 피해 이란에 중간재인 백판지만 수출했지만 이란 경제제재 해제를 계기로 수출 품목을 기저귀, 화장지 등 소비재까지 늘릴 계획"이라고 말했다.

깨끗한나라는 지난 3년간 연간 200억 원 이상의 백판지를 이란에 수출했다. 이란에 대한 빗장이 풀리자 수출 확대의 기회가 왔다고 판단한 것이다. 현지 무역 업체 SRGT사 아짐푸르 이사는 "그동안에는 경제제재 때문에 무역금융을 조달할 길이 없어서 두바이를 통해 대금을 결제했다"면서 "이제 경제제재가 풀려 자금 조달이 수월해졌으니 수입량도 늘리겠다"고 말했다.

한국수자원공사는 고원지대에 위치해 물 부족에 시달리는 이란에 물관리 기술을 전수하겠다는 목표를 밝혔다. 2016년 1월 이란 에너지부와 스마트 물관리 기술 협력을 위한 MOU를 체결한 최계운 수자원공사 사장은 2월 매경이란포럼 기간 중 레자자데 이란 수력발전공사(IWPC) 사장을 만나 스마트 물관리 사업과 카룬 강 신규 수력발전 사업을 함께 추진하기로 합의했다. 최 사장은 "올해 이란 진출을 계기로 스마트 물관리 시범 사업을 향후 이란 전역으로 확대할 예정"이라고 강조했다.

조환익 한국전력 사장도 '에너지 세일즈'에 나서 매경이란포럼 기간 중 하미드 치트치안 이란 에너지부 장관, 알리 악바르 살레히 이란 부통령 겸 이란원자력기구(AEOI) 위원장을 만나 전력 분야 협력 확대에 관한 세 건의 MOU에 서명했다. 포스코가 추진 중인 이란 차하바르 제철소에 한국전력이 500MW(메가와트)의 전력을 공급하고, 한국전력의 가스터빈 운용 기술 일부를 이란에 이전한다는 내용이 담겼다.

최신원 SKC 회장은 2016년 2월 아자디 호텔에서 현지 업체 키미야가란과 발주의향서(LOI)를 체결했다. 키미야가란은 화학 재료를 이용해 자동차 부품을 만드는 이란 유력 기업이다.

두산중공업도 2016년 2월 테헤란에서 로드쇼를 열어 발전 사업과 수처리 사업, 담수화 사업의 성과와 비전을 설명했다. 이란 발전소 관계자들과 정부 기관, 민자 발전 사업주 등 주요 인사 100여 명이 참석해 큰 관심을 나타냈다.

대한항공은 2016년 3월 인천~테헤란 직항 노선을 따냈다. 이번에 확보된 운수권으로 주 4회 이란 정기 노선을 운항할 수 있게 됐다. 이르면 2016년 안에 직항 노선이 운행하게 된다. 이렇게 되면 이란에 가는 시간이 경유 시간 포함 20시간에서 9시간으로 크게 줄어든다. 그동안은 주로 두바이를 경유했다.

이 직항 노선은 우리나라 국적사로는 최초다. 2001년에는 이란 마한항공이 테헤란에서 태국과 방콕을 경유해 서울을 오가는 노선을 주 1회 운영했다가 반년 만에 중단했다. 2002년 12월에는 이란항공이 테헤란에서 중국 베이징을 거쳐 서울을 오가는 여객기를 운항했으나 2007년 미국이 대이란 제재안을 발표하자 운항을 멈췄다.

세계경제 질서
재편의 핵 '이란'

서정민
한국외국어대학교 국제지역대학원 교수

"이란 2016년 8대 강대국 클럽에 가입하다."

미국의 격월 외교 및 국제 문제 전문지 〈아메리칸 인터레스트(The American Interest)〉가 2016년 1월 말 내놓은 온라인 분석 기사 제목이다. 기사를 작성한 선임에디터 월터 미드는 "이란은 정치적으로 이라크, 시리아 그리고 레바논과 동맹 관계를 구축했으며 제재 해제 이후 경제 재건에 나서며 중동 경제를 주도할 것"이라고 지적했다. 또 사우디아라비아와 이란 간 경쟁과 갈등이 2016년 국제 뉴스의 화두가 될 것이라고 전망했다.

이란은 그동안 세 가지 제재하에 있었다. 1979년 이슬람혁명 이후 시작된 미국의 제재, 2006년부터 네 차례 유엔 안보리 결의안에 따른 제재, 그리고 2011년부터 시작된 유럽, 한국, 일본, 호주 등 서방 각국의 이란 정부에 대한 독자적 제재다. 이어 2012년부터는 석유 금수 조치까지 더해졌다. 전 세계 어느 나라도 이란과 같은 경제제재를 받지 않았다. 37년간의 제재하에 이란의 경제와 국력은 쇠락했다.

이란이 이제 제재에서 벗어나고 있다. 사우디 등 아랍 국가와 이스라엘이 긴장하고 있다. 이란이 가진 잠재력 때문이다. 경제제재가 해제되면 이란이 중동의 패권 국가로 부상할 것이 자명하기 때문이다. 이란은 터키와 이스라엘에 이어 중동 내 세 번째 군사 대국이다. 정규군 40만 그리고 혁명수비대 12만과 더불어 100만 이상의 예비군을 운용하고 있다. 전투기와 잠수함을 조립하여 배치하고 있으며 중장거리 미사일을 다수 보유하고 있다.

지난 몇 년 동안 서방-이란 간 핵 협상에 어깃장을 놓았던 두 나라가 바로 사우디아라비아와 이스라엘이다. 이란의 패권국 부상은 양국의 안보와 주도권에 결정타다. 이스라엘은 이란 핵 시설 공습을 여러 차례 엄포해 왔다. 미국의 버락 오바마 행정부와도 각을 세우고 있다. 사우디는 핵 협상 타결 소식이 나오자마자 러시아로부터 무기 수입 협상에 들어갔다.

사우디가 2016년 1월 초 동부 지역 시아파 지도자들을 처형한 것도 이란의 영향력 확대를 봉쇄하겠다는 의지다. 동부 지역은 사우디의 아킬레스건이다. 인구의 10% 이상을 차지하는 사우디 시아파는 동부에 밀집해 살고 있다. 사우디의 유전 지역이다. 또 바닷물을 담수화해 수

도 리야드에 공급하는 지역이다. 사우디 경제와 삶의 생명줄이 있는 곳
이다. 사우디 정부는 이곳에서의 시아파 반정부 준동을 용납할 수 없는
상황이다.

사우디가 벌이고 있는 저유가 치킨게임도 셰일가스와 더불어 이란을
목표로 하고 있다. 서방과 핵 협상을 타결하고 국제사회의 정상적인 일
원으로 복귀하고 있는 이란을 견제하기 위함이다. 유가를 낮춰 이란의
경제 재건을 최대한 늦추려는 것이 목표다. 하지만 결과적으로 자국의
재정 적자와 정치·사회적 불안만 초래하고 있다.

이란의 지정학적 그리고 국제 경제적 영향력은 중동을 넘어선다. 유
럽 국가들은 이란과의 경제협력을 위해 걸음을 재촉하고 있다. 중동 내
최대인 이란 시장을 선점하기 위해서다. 유럽 주요국은 에너지, 항공,
인프라, 제조업 등에서 이란과의 협력을 추진하고 있다.

더욱 중대한 상황은 이란과 비서방 강대국, 즉 중국 및 러시아와의
전략적 협력이다. 중앙아시아의 에너지 보고 카스피해를 접한 이란의
역할에 중국과 러시아의 기대가 크다. 제재 해제 직후 시진핑 중국 주석
이 이란을 즉각 방문한 것이 이를 반영한다. 시 주석은 이란과의 전방
위 전략적 동반 관계 구축을 천명했다.

이란 핵 개발의 후원자 역할을 해 온 러시아도 이란과의 보다 긴밀한
포괄적 협력을 추진하고 있다. 우크라이나 사태로 서방과 각을 세우고
있는 블라디미르 푸틴 대통령은 중국 및 이란과 전략적 삼각동맹을 구
성해 서방 주도의 국제정치·경제 질서를 견제하려 한다. 러시아의 국제

문제 전문지 〈뉴 이스턴 아웃룩(The New Eastern Outlook)〉은 2016년 3월 2일 자 인터넷 기사 제목을 "이란이 유라시아 황금 삼각지대를 완성시키고 있다"고 뽑았다.

피스타치오의 나라 이란

테헤란 한국 대사관은 응접실에 머무는 손님에게 큼지막한 바구니에 피스타치오를 한가득 담아 제공한다. 한국 대사관뿐만 아니라 비즈니스 미팅 자리에 가면 피스타치오 바구니, 혹은 다른 종류의 견과류 접시가 놓여 있는 경우가 많다. 우리가 다과를 제공하듯 손님에게 제공하는 것이다.

터키 동남부가 원산지인 피스타치오는 바로 옆 국가인 이란에서도 매우 잘 자란다. 터키, 이란 그리고 미국이 대표적인 3대 수출국이지만 터키산과 이란산이 고급 취급을 받는다. 미국산 피스타치오에 비해 작지만 맛은 좀 더 진하다는 평이다. 실제로 이란을 사업차 오가는 유럽 사람들은 피스타치오를 한 자루씩 사서 귀국하기도 한다. 이란인들은 이 밖에도 아몬드, 호두, 캐슈너트 등 견과류를 과자 삼아 즐겨 먹는 편이다. 헤이즐넛, 아몬드 등도 이란 근처가 원산지여서 기르기도 쉬운 데다가 수출용으로 농사를 짓기 때문이다.

대부분의 이란 식료품점에서는 견과류를 매우 싼 값에 제공한다. 가격은 1kg에 5만~15만 리알(약 2,000~5,000원) 정도. 우리나라 마트에서 파는 견과류가 1kg에 약 7,000~1만 원 정도인 점을 고려하면 절반 이하 가격인 셈이다. 특히 테헤란 시내에는 견과류 전문 매장 체인인 '타바조(TAVAZO)'가 유명하다. 견과류 쇼핑을 원한다면 호텔 직원에게 근처 타바조 매장 위치를 물어보자.

Part

2

꼭 알아야 할
이란비즈니스 팁

3 ┃ 왕 서방을 울린 페르시아 상인
4 ┃ 이란비즈니스 이렇게 뚫어라

3 왕 서방을 울린 페르시아 상인

비즈니스는 무조건 만나서 해라

"이런 일은 꼭 얼굴을 봐야 하는 겁니다. 그냥 이메일을 보내거나 전화를 하는 것은 전혀 효과가 없어요."

이란에서 업무를 도와주던 한 이란 기업인 J의 조언이다. 중요한 인물을 만나고 싶다는 초청장을 어떻게 보낼지를 묻자 그가 내놓은 답이다. 이란에서는 직접 얼굴을 보면서 이야기하는 것이 기본이라는 것이다.

J의 설명에 따르면 대면 상담은 단순히 얼굴을 보는 것 외에 여러 가지 사회적 함의를 갖고 있다고 한다.

우선 '내가 이 교통지옥을 뚫고 당신에게 올 만큼 이 일은 중요한 일이다'라는 뜻을 내포하고 있다. 두 번째는 '당신을 존중한다'는 의미도 갖는다는 것이다.

그만큼 얼굴을 보지 않고 전화, 서신 등을 통해서 의사를 표현하는 것은 '중요하지 않다' 혹은 '당신은 중요한 사람이 아니다'라는 의미로 받아들여질 수 있다.

어지간한 일은 얼굴을 보면서 하는 것이 안전하다는 결론이 가능해진다. 모두가 가급적 얼굴을 보면서 일하는 것을 선호하다 보니 얼굴도 안 비치고 전화나 서면으로 일을 처리하려는 사람은 점점 더 무례한 사람이 되는 식이다.

SK E&S 유정준 사장은 대면을 하라는 데는 사회·문화적 이유도 있다고 해석한다. 사막과 악천후를 뚫고 돌아다니던 이 지역 사람들의 습성에서 대면 비즈니스의 문화가 비롯된다고 설명한다.

사막의 악천후 등 워낙 좋지 않은 상황에서 활동하다 보니 변고가 발생하는 경우도 많아서 약속을 했다고 하더라도 언제 상황이 어떻게 변했을지 알지 못한다는 것이다. 사막을 뚫고 오다 모래 폭풍을 만났을 수도 있고 또 싸움에 휘말려 비명횡사했을지도 모르는 것이 이곳의 현실이다. 그래서 이 지역 사람들은 얼굴을 직접 보지 않으면 믿을 수 없다고 생각하는 경향이 생겼다는 해설이다.

이란의 불편한 통신 시설 역시 '안면 장사'의 확산에 한몫했다. 아직 통신이 원활하지 않은 탓에 언제 전화 연결이 끊길지 모르고 또 팩스를 보내도 과연 제대로 수신이 됐는지도 직접 확인하기 전에는 알 수 없는 경우가 대부분이다. 결국 일을 확실히 하려면 직접 들고 뛰는 수밖에 없는 셈이다.

면담의 성공을 위해서는 '의제'를 잘 설정해야 한다. 이곳 사람들은 페르시아 상인의 후예들답게 계산이 빠르다. 명확한 의제, 즉 자신에게 득이 되는 의제가 아니라면 굳이 만날 필요가 없다고 생각한다. 예방 차원에서 면담을 신청한다면 '왜 만나야 하나요?'라는 질문부터 튀어나올 것이다. 물론 이 질문에 확실한 답을 내놓지 못한다면 면담 자체가 성사되기 힘들다.

본인이 가는 것이 가장 좋지만 안 되면 대리인이라도 보내야 한다. 현지 기업인들은 대리인을 보낼 때에도 '팁'이 있다고 말한다. '메신저가 메시지'라는 것이다. 급이 되고 가급적 외모가 준수한 사람을 보내라는 것이다. 급을 높일수록 존중받는다는 느낌을 갖게 되며 준수한 외모만큼이나 신뢰도도 높아지는 것이 인지상정이기 때문이다. 다만 여성을 보낼 때는 이슬람문화에 맞는 적절한 복장과 이슬람 예절을 아는 인물을 보내야 한다.

대리인도 못 보낼 처지라면 팩스 등을 보내는 수밖에 없다. 이 경우엔 수신 여부를 꼭 전화로라도 확인해야 한다. 이란의 전력 및 통신 사정이 아직은 부족한 부분이 많아서 수신 여부를 확인하지 않으면 전달이 안 되는 경우가 많다. 특히 퇴근 시간 무렵에는 반드시 확인을 해서 전달해 달라고 부탁해야 한다. 출퇴근 시간을 칼같이 지키는 것은 아니기 때문에 직접 확인하지 않으면 누락되는 경우도 비일비재하기 때문이다.

왕 서방의 만만디보다 더 심한 페르시아의 야바시

중국에 만만디가 있다면 이란에는 야바시(Yavash)가 있다. 야바시란 '천천히'란 뜻이다. 말 그대로 모든 것에 대한 결정이 천천히 내려진다. 이래도 되나 싶을 정도다.

코트라(KOTRA) 테헤란 무역관에서 상품전을 기획했다. 한국과 이란의 발전을 도모하자는 취지에서 만들어진 행사였다. 오래전부터 준비해 온 코트라 입장에서는 행사의 승인 역시 빨리 받고 싶었다. 불안 요인을 하나라도 줄이고 싶어서다. 이란에서는 호텔 등에서 일정 규모 이상의 사람이 모이는 회합을 할 경우엔 공안 당국 등의 승인을 얻어야 한다.

그러나 신청서를 넣고 아무리 기다려도 답은 올 기미가 안 보였다. 급한 마음에 서류를 다시 꾸며 보기도 하고 아는 사람을 통해 알아도 봤지만 결론이 내려지지 않았다는 답변만 들을 뿐이었다. 결국 승인이 떨어진 것은 행사를 이틀 앞둔 때였다.

현지에서 한 번이라도 일을 해 본 사람이라면 끝까지 사람을 기다리게 만드는 야바시 문화에 익숙해져야 한다고 말한다. 급한 사람이 먼저

매경이란포럼 현장에서 대화를 나누고 있는 양국 기업인

패를 공개하게 돼 있고 협상에서 불리한 위치가 될 수밖에 없는 것이다. 이란 사람들은 이를 누구보다 잘 알고 있는 것이다.

김승욱 코트라 테헤란무역관장의 조언은 "이란의 만만디 야바시 문화는 계약 지연을 통해 유리한 협상 고지를 차지하려는 전략이니, 번거롭더라도 계약 시 상세한 내용을 포함시키고 중재 조항, 소유권 등을 명기해야 합니다"라는 것이다.

급한 사람이 지는 게임이란 얘기다. 여기엔 '인내의 미덕'을 맹신하는 시아파 고유의 전통 역시 한몫했다. 이란은 우리와 다르다는 사실을 명심해야 한다. '시간은 금'이라는 것은 우리의 전통일 뿐 그들의 전통이 아니다. 이란인들은 시간을 갖고 차분하게 생각하는 것을 기본으로 삼는다.

이란 사람들도 급하다고 생각하면 본인들도 급하게 나온다. 그러나 그 전에 상대가 급해지도록 끝까지 기다리는 것이 이들의 생활 습관이자 협상 전략이다. 누가 먼저 답답해지는지를 기다리는 식의 '치킨게임'을 벌이고 있는 셈이다.

10년 넘게 이란에서 근무하고 있다는 한 지상사 관계자는 "이란에선 최초 상담 이후 거래가 성사되기까지 적어도 1년은 잡고 시작해야 화병에 걸리지 않는다"고 조언한다.

실제로 거래처에 상품 소개를 하고 1~2년이 지난 뒤에야 연락이 오는 경우도 적지 않다고 한다. 성질 급한 한국인의 시간표에 맞춰서 일하려고 했다가는 본인만 피해를 보게 마련이다. 답답하다고 생각되면 '급하게 생각하는 쪽이 질 수밖에 없다'는 말을 되새기라고 조언하는 것도 이 때문이다.

협상이 시작됐다고 끝이 아니다. 우선 처음부터 숨이 턱 막힐 조건을 내건다. 일단 기선부터 제압하는 것이다. 또 최근에는 전 세계에서 이란으로 몰려들다 보니 이들의 콧대가 높아진 것도 한몫했다.

조건이 근접하더라도 이건 이렇고 저건 저렇다면서 여러 가지 제한을 붙인다. 그렇게 가격을 낮추는 것이다. 한참의 '밀당' 끝에 가격을 낮췄다고 하더라도 끝이 아니다. 또 다른 조건들을 들고나온다. 이때는 경쟁사는 어떻게 해 준다더라 등의 얘기가 붙어 나온다. 한국 사람들 입장에서는 답답한 일이라고 생각될 일이다. 그러나 이걸 넘어서야 이란에서 비즈니스가 가능하다.

대신 이란의 장점도 있다. 한번 거래가 성사되면 장기적으로 유지되는 경우가 많다는 것이다. 어지간해서는 새롭게 거래처를 바꾸려 하지 않다 보니 한번 바꿀 때 오랜 시간을 갖고 최적의 조건을 이끌어 내려고 하는 것이다.

역으로 잠깐 상황이 좋지 않다고 거래선을 홀대하는 것을 좋지 않게 생각한다. '의리가 없다'고 생각하는 것이다. 그런 면에서 한국 기업은 사실 점수를 잃었다. 경제제재에 동참했다는 것을 이란에서는 '한국이 우리를 버렸다'고 생각하는 것이다. 한국 기업들 입장에서는 더 분발해야 할 필요가 있는 셈이다.

또 한 가지 야바시 문화와 관련해 한국 사람들이 꼭 기억해야 할 것이 있다. 모든 협상의 진전 사항을 기록해 놓아야 한다는 것이다.

오랜 기간 협상이 지속되다 보면 한국 사람들은 대부분 협상 내용을 기록하기보다는 기억에 의존하려고 하는 것이 일반적이다. 그러나 막상 계약을 체결할 때에 가서는 또 다른 조건들이 불쑥 튀어나오는 경우가 허다하다. 이럴 때 자신을 지킬 수 있는 것은 문서밖에 없다. 이런 상황을 모르면 이란 사람들이 약속을 지키지 않는다고 생각하기 십상이다. 그러나 문서로 기록을 남기지 않은 쪽의 잘못도 무시할 수 없다. 번거롭더라도 모든 것을 다 기록한다고 생각하는 것이 속 편한 일이다.

한국인보다 의전 더 따진다

이란에 대한 경제제재가 풀린 직후인 2016년 2월 말 주형환 산업통상자원부 장관이 경제 사절단을 이끌고 이란을 찾았다. 주 장관이 사실상 한국을 대표해 이란을 찾다 보니 주 장관과 한국 정부에서는 가급적 '급'이 되는 인사들과 많은 면담을 잡길 원했다. 이란에서 우리 기업들이 하루라도 빨리 더 많은 사업에 참여할 수 있도록 하기 위해서는 이란 정부의 협조가 필요했기 때문이었다. 주 장관의 취임 초기였고 워낙 관심이 집중되는 행사라서 본부에서도 하루가 멀다 하고 면담 일정을 확인했다.

결론부터 말하자면 주 장관의 일정이 확정된 것은 주 장관이 이란행 비행기에 몸을 실은 후였다. 이란 특유의 야바시 문화의 결과이기도 하지만 더 중요한 이유는 이란 의전 때문이었다.

한국 정부에서 많은 장관들에 대한 오퍼를 냈고 이를 접수한 이란 정부 측에서 누가 어떤 순서로 언제 장관을 만날지에 대한 결정이 내려지지 않았던 것이다. 익히 예상할 수 있듯이 가장 핵심이 되는 장관들의 스케줄이 정해지지 않으니 다른 모든 사람들의 일정이 잡히지 않는 것이다. 주 장관의 일정이 잡히지 않으니 다른 모든 부대 행사의 일정이 확정될 리가 없다.

이런 식이다. 이란 측 B장관에게 한국 측에서 주 장관과의 장관급 회담과 별도 행사 참석에 대한 요청을 했다. 주 장관도 참석하는 행사였다. 그러나 어느 한쪽도 확정이 되지 않은 채 시간만 흘러갔다. 실무진들이 애가 타다 백방으로 수소문한 끝에 알게 된 사실은 모두를 당황하게 만들었다.

이란의 의전은 B장관과 주 장관이 일대일 미팅을 하지 않은 상황에서 두 사람이 함께 참석하는 행사를 할 수 없다는 것이다. 즉 행사장에서 일면식도 없는 사람과 함께 주빈으로 앉을 수는 없다는 것이다. 행사를 준비하는 쪽에선 우리식대로 '행사 전 티미팅을 만들겠다'라고 했지만 이란 측은 꿈쩍도 하지 않았다. 결국 장관급 미팅은 행사 다음 날로 잡혔고 B장관은 부대 행사에 나타나지 않았다.

이란인들은 프로토콜(의전)을 매우 중시한다. 우리식이라면 예외적인 상황도 있고 어떻게든 해결할 방법이 생기지만 이란에선 원칙을 바꾸는 것이 통하지 않는다. 특히나 외국인들과 연계되는 상황에서 의전은 더욱 까다로워진다. 무엇보다 국가의 통제가 심한 상황에서 문제가 생길 일을 피하기 위해서다. 원칙을 조금이라도 임의로 바꿨다가 후일 어떻게 문제가 될지 모르기 때문이다. 특히나 직위가 높은 사람일수록 이런 불안감이 더 클 수밖에 없고 그래서 조심할 수밖에 없는 셈이다. 외국과 관계된 일에는 항상 대사관 등 정부 혹은 준정부 기관의 공문을 요구하는 것도 이 때문이다.

외국 기업들과 관계된 행사에 이란 주요 인사가 참석하기 위한 프로세스만 봐도 이란 사람들의 프로토콜 집착을 이해할 수 있다. 대부분 경우 대사관 등을 통해 이란 외교부 측에 초청 및 면담 등을 신청하면 이를 이란 외교부에서 관련 부처와 상의한 후에 결정해 해당 인사에 통보하는 식이다. 그만큼 '명분'과 '형식'을 잘 만들어 내는 것이 이란비즈니스에서 중요하다. 참고로 이란의 주요 기업은 대부분 공기업이고 최고경영자는 모두 정부 차관들이 겸직하고 있다. 우리의 기획재정부에 해당하는 기획관리부만 보더라도 차관이 20명 내외다. 이들은 기획관리부 차관 겸 ○○기업 CEO의 타이틀을 달고 있다. 비즈니스에서도 정부와 관계가 중요한 이유다.

실제로 만났을 때에는 예절 바르게 행동하는 것도 중요하다. 정서적으로 이란과 한국은 유사한 점도 매우 많다. 대표적인 것이 윗사람에 대한 공경과 남에 대한 배려, 가족애 중시 등 우리의 전통을 생각하고 따른다면 큰 무리가 없다.

이란 사람들이 한국 사극을 좋아하는 것도 이 때문이다. 비슷한 정서 코드를 공유하고 있는 것이다. 대표적인 예가 이란 사람들끼리 엘리베이터에 타거나 내릴 때다. 서로 상대에게 먼저 내리라고 양보를 하는 통에 한바탕 소란을 치르는 모습을 어렵지 않게 발견할 수 있다. 마치 한국에서 술값 먼저 내겠다고 서로 주장하는 것과 비슷하다. 이렇게 상대를 존중하는 곳이다 보니 그만큼 의전 역시 발달해 있어서 조심해야 한다.

예스는 예스가 아니다

"서구에서 '예스'는 승낙, 동의를 뜻한다. 그러나 이란에서 '예스'는 예스를 뜻할 수도 있고 아닐 수도 있다. 대부분의 경우가 사실 '예스'란 의미를 지니고 있지 않다. 이란 사람들은 이런 문화 덕에 '시적인 언어'가 발달될 수 있었다고 설명한다. 단어가 갖고 있는 뜻대로 해석되는 것이 아니다 보니 다양한 상황에서 '뉘앙스'라는 것이 존재하고 또 상상의 나래를 펼 수 있다는 것이다."

이란 사람들의 언어 습관을 다룬 〈뉴욕타임스〉 기사의 일부다. 즉 상황에 따라서 똑같은 답변의 의미가 정반대일 수 있다는 얘기다. 우리도 답답할 정도니 직설적인 미국인들 입장에서는 너무도 답답했을 것이다. 미국인 기자는 이 기사의 제목으로 '이란에서 알아야 할 기본 중의 기본. 당신의 의도를 숨기는 고도의 예술(Iranian 101: A Lesson for Americans; The Fine Art Of Hiding What You Mean To Say)'이라고 붙여 놨다.

실제로 이란 사람들의 말은 외국인에겐 이해하기 힘든 구조다. 가령 택시에서 벌어지는 상황을 보자. 택시를 타고 내릴 때 얼마냐고 묻는 손님에게 택시 기사들은 '거벨리 나더레(It's nothing)'라는 말로 답한다. 이게 무슨 뜻일까 궁금해진다. 돈이 필요 없다는 의미인지 혼란스러워진다. 이란 승객이라면 '제발 받아 달라'는 뜻의 '베파르머인(please)'을 수차례 반복할 것이다. 그제야 기사는 못 이기는 척 돈을 받는다. 손님이 돈을 받아 달라고 사정하는 이해가 안 되는 상황이 모두 서로 예의를 차리는 과정이다.

자신을 낮추고 상대를 높이는 이란식 문화 습관 '타로프(Taarof)'다. 쉽게 말하자면 일본의 혼네(본심)·다테마에(겉으로 드러난 행동)와 비슷하다. 상대의 입장을 고려해 자신의 본심을 뺑뺑 돌려서 얘기하는 것이다.

타로프 문화는 매우 번거로운 것이 사실이다. 협상을 하는 과정에서 '예'라는 답변을 얻고 후속 조치를 취했다. 그러나 며칠 뒤 알게 된 상대의 본심은 '그저 알았다' 정도였다면 비즈니스를 하는 입장에서는 힘이 빠지게 마련이다. 또 토론은 늘어지고 결론은 나지 않는 상황에서 본심을 얘기하지 않으니 협상에 임한 상대 입장에서는 갑갑할 노릇이다. 왜 이런 불합리한 관습이 생겨났을까 싶어진다.

타로프의 출발점에 대해서는 많은 설이 있다. 그중 하나는 이란의 역사와 연관돼 있다는 해석이다. 몽골, 프랑스, 영국 등 수많은 나라의 지배를 받는 과정에서 본심을 그대로 말했다가는 언제 어떤 일이 벌어질지 모르는 시대를 살다 보니 모호한 화법을 쓰게 됐다는 것이다.

실제로 현재의 상황도 그리 다르지 않다. 아직은 통제가 강하게 이뤄지는 나라에서 단정적인 표현으로 본심을 바로 드러내는 일은 정치적 자살 행위다. 누가 언제 어떤 상황에서 곡해하고 정치적으로 활용할지 모르기 때문이다. 이란 사람들이 이란식 화법에 대해 "이란에서는 직접적으로 사실을 말하는 것이 칭찬받지 못할 일"이라고 설명하는 것도 이런 맥락에서 본다면 수긍이 되는 일이다. 이란 사람들은 오히려 서로 멋진 말로 상대를 치켜세워 주는 거짓말들이 더 칭찬받을 일이라고 말한다. 갈등을 피하고 희망이 없는 사람에게도 용기를 북돋워 주기 때문이란 이유다.

춘추전국시대와 같은 혼돈기에 많은 사람들이 시(詩)를 인용해 의사전달을 했던 것과 비슷한 맥락이다. 이란 사람들이 시를 좋아하고 자주인용하는 것도 이런 상황의 연장선이라는 해석이 지나친 확대해석이아닌 것처럼 여겨지는 것도 이 때문이다.

이란 사람들 말대로 "사람들이 거짓을 말하는 것이 아니라 당신을기존 경험과는 다른 방식으로 대하는 것일 뿐"이라는 말을 곱씹어 볼필요가 있다.

과연 상대의 뜻을 어떻게 확신할 수 있을까? 결국은 문서화된 계약서뿐이다. 이란에서 계약서나 문서가 중요한 이유가 여기에 있다. 예스를 예스로 믿기 힘든 상황이고 계약서도 쓸 단계가 아니라면 당신은 상대의 의중을 파악하는 데 있어 매우 어려운 위치에 서 있는 셈이다. 이럴 때 취할 수 있는 방식은 여러 번 확인하는 것이다. 결정권이 있는 사람에게 다양한 방식으로 말을 바꿔 가면서 확인을 받을 수도 있고 아니면 관련된 많은 사람들에게 반복 확인하는 것도 방법이다.

에이전트의 나라 이란서 살아남기

테헤란 공항에 도착하는 순간부터 곳곳에서 에이전트를 만나게 된다. 인맥과 수완이 되는 현지인이라면 에이전트로 활동하면 거액을 손쉽게 벌 수 있다. 이란에 진출하는 방법은 여러 가지가 있지만 처음 진출하는 사람이라면 에이전트를 고용하는 모델에 솔깃할 수밖에 없다.

외국인이 이란 법인과 거래하기 위해선 이란 국적의 개인 또는 법인을 에이전트로 선임해야 한다. 투자자가 이란 내 본사 제품 판매 등을 위해 법인 대신 지점을 설립한다고 해도 에이전트가 필요하다. 이란 내 지점은 영업 지원을 제외한 직접 영업이나 계약 당사자로 계약 체결을 할 수 없기 때문이다. 이때 주의할 것이 있다.

첫 번째, 제재 대상자 목록 확인을 해야 한다. 이 과정은 계약이 이뤄지는 내내 반복된다. 제재 대상자 목록에 등재된 자와 교역하는 것은 여전히 금지되므로 거래 상대방이 제재 대상자인지부터 확인해야 한다. 미국 재무부 산하의 외국자산통제국 홈페이지(https://sanctionssearch.ofac.treas.gov/)에서 확인할 수 있다. 거래 상대방의 실질적 소유자가 혁명수비대(IRGC) 관계자이거나 제재 대상 목록에 등재된 자와 특수 관계에 있을 경우, 최악에는 미국의 제재 대상에 포함될 수도 있다.

두 번째로는 언어 장벽에 대한 해결책을 마련해야 한다. 영어를 잘하는 사람이라면 다행이지만 대부분 영어가 완벽하지 않은 게 현실이다. 영어로 서면을 작성하고 대금 결제 방법과 그 위반에 대한 책임을 명시

해야 향후 위험에 대비할 수 있다. 이란은 뉴욕협약 가입국으로 외국중재판정의 승인 및 집행이 가능하지만 상당한 기간이 소요될 수 있다.

세 번째로 법률 정보를 구하기 힘들다는 점을 명심해야 한다. 세계은행 보고서에 따르면 이란의 비즈니스 환경은 전체 189개국 중 118위다. 법률 정보가 부족하며 법률 외의 내부 지침이나 규정에 의한 규제가 많다. 외국인투자촉진법은 100% 외국인투자를 보호하고 과실송금을 보장한다고 규정하고 있으나 실무가 확립되지 않은 상황이다.

현재 한국 법무법인 중 이란 시장에 진출한 곳은 법무법인 지평이 유일하다. 지평은 2015년 이란 로펌 '게이디(Gheidi & Associates)'와 제휴를 맺고 수도 테헤란에 이란사무소를 개소했다.

마지막으로 외국환거래 관련 불명확성이 해소될 때까지는 선적 전 대금 수령이나 신용장(L/C)을 활용하는 방안을 우선적으로 고려할 필요가 있다. 미국 금융기관을 통한 달러화 결제는 여전히 불가능하기 때문이다.

현지에 법인을 설립해서 할 때도 주의할 점이 있다. 먼저 투자 인허가 취득이다. 전략산업 또는 기간산업의 경우 정부가 예고 없이 또는 소급해 정책 변경을 주장할 가능성이 있다. 인허가 과정에서 전략적 중요성을 이유로 정책 변경 또는 내부 지침 등의 변경 등을 거론하면서 법령상 근거 없이 인허가 발급을 거부하거나 지연하는 경우도 자주 발생한다.

법인을 세우는 경우엔 상대적으로 경영 구조가 단순한 유한회사가 활용도가 높다. 외국인의 경우 이란 외국인투자보장법에 근거한 설립 또는 상법에 따른 설립, 자유무역지구나 특별경제지구에 설립하는 방안이 모두 가능하다. 100% 자회사 대신 합작 법인을 설립할 경우, 합작 법인 상대방이 제재 대상자에 포함되는지 확인해야 한다.

공장 설립 등의 경우엔 외국인의 부동산 소유는 매우 제한적인 조건 하에서 주무관청의 허가를 받아야 가능하다는 점을 명심해야 한다. 이란 외국인투자보장법 시행령은 외국인투자로 이란 회사를 설립할 경우 OIETAI(이란투자청)의 판단에 따라 투자 프로젝트 이행에 필요하고 적절한 규모의 토지에 대해서는 해당 이란 회사 명의의 소유가 허용된다고 정하고 있다.

이란에서 사업을 시작하려면 인력이 필요하다. 외국인 고용 허가에 대한 기본 정책은 해당 사업장에 고용되는 외국인 1명당 이란인 3명이 고용돼야 한다. 단 근로자의 수가 많아지면 노동부와 협의 후 정한다.

페르시아인 DNA를 이해하라

기원전 고대 그리스를 침략하며 맹위를 떨쳤던 페르시아제국. 이들의 대국적 기질은 작은 일상적인 일을 처리할 때마다 느낄 수 있다. 특히 사업적인 관계에서 협상은 더욱 그렇다. 절대 상대방에게 처음부터 호락호락한 모습을 보이지 않는다. 딜이 깨질 상황까지 몰고 간 뒤에 상대방이 항복할 여지를 보이면 그제야 온갖 생색을 내며 시혜성 조치를 취한다. 게임이론에 정통한 사람이라도 이란에 와서는 두 손 두 발을 다 들고 나갈 듯하다. 상대를 벼랑 끝으로 몰아세우는 전략은 타의 추종을 불허할 정도다. 활을 잡고 화살이 부러지기 직전까지 잡아당기는 느낌이다. 파장으로 가는 것보다 일을 성사시키는 것이 중요한 상대방은 불리한 조건을 어쩔 수 없이 받아들이게 된다.

37년 동안 빗장을 걸고 살았으니 잃을 게 없어서라고 볼 수도 있을 것 같다. 그러나 이는 단기간에 갖춰진 DNA라기보다 수천 년에 걸친 역사 속에서 스며든 민족성이 아닌가 싶다. 페르시아인의 대국적 뱃심과 영민한 상술 앞에 어설프게 접근을 했다가는 일을 그르치기 쉽다.

국내 한 대형 조선 업체 최고경영자는 이란 경제제재 해제 이후 이란 발주처와 논의 중에 난관에 부딪혔다. 계약금을 0% 주는 조건으로 발주를 하겠다는 제안 때문이다. 이 최고경영자는 "전 세계 주요 발주처 대부분을 만나 봤지만 계약금을 전혀 주지 않고 수천억 원대 선박을 발주하겠다는 곳은 처음 봤다"고 혀를 내둘렀다.

페르시아인은 어느 민족보다 신의를 중요하게 여긴다. 국내 한 건설사가 수십억 달러 규모의 플랜트 수주 협상에서 우위에 서게 된 것은 숱한 난관 속에서도 지사를 철수하지 않고 공을 들였기 때문이다.

이란에서 조급증은 패착으로 이어진다. 페르시아인들은 기원전 고대 그리스와 함께 세계를 주물렀던 역사를 갖고 있다. 이제 페르시아인들은 현대판 르네상스 시기에 접어들고 있다. 전 세계가 페르시아인들에게 손을 내밀고 있다. 천성적으로나 상황적으로나 페르시아인들은 지금 급할 것이 없는 사람들이다. 이런 때일수록 최소 10~20년을 내다본 파트너십이 필요하다. 당장은 성과가 없는 듯해도 척박한 땅에서는 더 깊이 뿌리를 내리는 씨앗이 될 것이다.

신흥국의 공통적인 특성이지만 이런 페르시아인들의 특성상 사업 진행에 예측 가능성이 떨어지는 것은 큰 문제다. 이란 사람들은 '아무 문제 없다(No problem)'라는 말을 수시로 한다. 그러나 이런 말을 액면 그대로 믿었다가는 낭패를 보기 쉽다. 막판에 대책 없이 일을 중단시키는 경우도 많다. 그때마다 '인샬라(신의 뜻대로)'라고 외칠 뿐 상대방이 입은 피해에 대해서는 나 몰라 하는 경우가 많다.

주태근 LG상사 테헤란지사장은 거래와 계약 관행이 아직 선진적이지 못하고 사업 진행 속도가 더디다는 것도 위험 요소로 꼽았다. 주 지사장은 "실제 영업을 해 보면 사업이 예상만큼 신속하게 진행되지 않는 경우가 많다"며 "성과 위주, 실적 위주로 가면 나중에 또 다른 문제를 야기할 수 있다"고 말했다.

또한 아직 외국인투자에 대한 정확한 법체계도 갖춰지지 않았다. 주요 법안은 영어로 번역조차 되어 있지 않는 등 비즈니스 진행에 필수적인 기본적인 것이 갖춰져 있지 않는 경우가 많다.

김승호 주이란 한국 대사는 "많은 전문가들이 제재가 해제된 이란을 꿈의 시장이라며 누구든지 진출하여 성공할 수 있는 것처럼 포장하고 있으나 새로운 도전도 만만치 않다"고 지적했다.

김 대사는 "빗장 풀린 시장에서 우리 기업은 세계 기업과 대등한 경쟁을 해야 한다. 이란 시장에서 성공하기 위해서는 면밀한 전략을 세워야 한다"고 강조했다. 주태근 LG상사 지사장은 "인구가 많고 시장이 크다고 막연한 기대감에 들뜬 얘기들이 많지만 위험 요소도 많은 게 사실"이라며 "아직 불확실성이 큰 시장인 만큼 성과와 실적 위주 영업 관행은 특히 경계해야 한다"고 말했다.

김승욱 코트라(KOTRA) 테헤란무역관장은 "국내 기업들의 이란 투자 위험을 낮추기 위해서 일괄 지원 체계를 갖추기 위해 노력하겠다"고 말했다.

화내는 순간 이란비즈니스도 끝난다

일이 풀리지 않고 있다. 특단의 방법은 역시 목소리를 한번 높여야 하지 않을까. 일반적인 한국 사람이라면 한번쯤 해 봄직한 생각이다.

그러나 이란에서는 전혀 맞지 않는 얘기다. 이란에서 화를 낸다는 것은 상대할 만한 사람이 아니란 것임을 스스로 인증하는 꼴이다. 실제로 이란에서 유심히 살펴보길 바란다. 많은 사람들이 심각한 표정으로 말하지만 실제로 화를 내는 사람은 거의 없다.

사회적으로 용납되는 수준을 벗어나는 일이기 때문이다. 과연 이란 사람들은 답답한 문제가 생겼을 때 어떻게 풀어 나갈까.

일반적으로 이들은 토론을 택한다. 말로써 풀어 나가는 것이다. 조목조목 이유를 따지고 들어가기 시작한다. 특히 한국인들이 취약하다. 우선 장시간의 토론에도 익숙하지 않고 복잡한 얘기로 들어갈수록 의사소통 역시 쉽지 않다.

또 여기서도 이들의 야바시 문화가 끼어들기 시작한다. 자신의 생각이 관철될 때까지 말하고 또 말하고 그래서 설득을 시키려고 하는 것이 이란 사람의 특징이다. 그러나 말이 좋아 '설득'이지 사실상 상대방이 지쳐 나가떨어질 때까지 계속 버티는 것이다.

이란 사람들은 이를 토론이라고 말하지만 한국 사람 입장에서는 지루한 말장난처럼 여겨지는 경우가 많아서 갈등으로 이어질 개연성이 높다.

이 과정을 견딜 수 있는 방법은 이 과정을 즐기는 것이다. 즐기기는 쉽지 않지만 이를 피할 수도 없다는 얘기다. 언제쯤 결론이 날까를 기대하지 말고 이런 상황도 있구나 생각하면서 기다리는 수밖에 없다.

또한 이 과정에서 명심해야 할 것이 있다. 협상의 진행 상황을 꼬박꼬박 기록해 놓고 상대로부터 확인을 받아야 한다는 점이다. 장시간의 토론에 익숙하지 않은 한국 사람들은 대부분 이란 사람들과의 토론에서 일정 시간 이상이 지나면 무너지게 마련이다. 언제 끝날까에 모든 신경이 집중되다 보니 제아무리 똑똑한 사람이라도 진행 상황을 정확하게 기억하기는 쉽지 않다.

당장은 서로 합의가 끝났으니 별 필요가 없다고 느낄 수 있을 것이다. 그러나 다음 날이 되면 상대는 또 똑같은 문제를 들고 다시 나타날 것이란 점을 각오해야 한다. 기록된 내용이 없다면 상대를 설득하는 것은 물론 스스로도 정확히 정리가 되지 않는 것이 현실이다. 이 상황에서는 결국 모든 것이 원점으로 돌아가 버린다. 처음부터 다시 그 지루한 과정의 협상이 시작되는 것이다.

한국 사람들이 '이란인들은 거짓말을 잘한다'고 말하는 것도 이 부분에서 시작된다. 분명 합의한 내용을 뒤집는 경우도 있다. 지루한 의견 조율의 과정을 빨리 끝내고 싶다는 생각에 나에게 유리한 쪽으로 생각해서 상대의 의사를 분명히 확인하지 않은 경우도 있다.

이 과정을 겪으면 한국인들의 경우 흥분하게 마련이다. 그러나 앞서 말했듯이 흥분하는 순간 당신은 지는 게임을 시작하게 되는 것이다. 또한 논리적인 공방보다는 감성적으로 접근하면 오히려 쉽게 풀리기도 한다.

결과적으로 협상은 상대방의 의도에 더 가까운 결론으로 끝나게 될 공산이 크다. 그렇다고 항상 웃고만 있으란 얘기는 아니다.

마감 시간이 다가올 때면 이란 사람들도 신경질을 내고 언성을 높이기도 한다. 그러나 이는 매우 이례적인 상황이다. 명확한 위험이 눈앞에 있을 때라면 상대도 이해하겠지만 그 외의 경우라면 당신은 거래해서는 안 될 사람으로 낙인만 찍히게 될 수 있다. 그만큼 신중해야 한다.

또 가능하다면 업무를 도와주는 이란 사람의 입을 통해서 상대에게 화를 내는 것이 좋다.

아직은 통제가 강한 이란

"관련 정보는 다 한국에서 찾아 오는 것이 좋습니다. 인터넷이 되지만 막상 보려면 막혀 있는 경우가 대부분이에요. 게스트하우스 전화번호도 인터넷 검색이 쉽지 않아요."

이란 출국을 준비하다 현지 지상사 직원들이 해 준 조언이다.

이란이 개방되고 있지만 아직은 통제가 강한 국가란 점은 인터넷 검색만 해 봐도 알 수 있다. 이란에 도착한 뒤에 네이버나 다음 등 포털 사이트에 접속해 민감할 것 같은 단어들을 넣고 검색해 보시길 바란다. 경고 메시지가 뜨면서 해당 사이트를 확인할 수도 없다.

덜 민감한 단어를 넣어도 비슷하다. 이란 현지의 한인 게스트하우스 연락처를 확보하기 위해 포털 사이트에 검색하면 검색 결과 리스트까지는 확인할 수 있다. 그러나 링크를 클릭하면 먹통이 될 정도다. 통제가 아직은 곳곳에 있다.

비즈니스를 하면서 가장 많이 부딪히게 될 상황은 각종 이벤트다. 상품 출시를 비롯해 고객사 초청 등 다양한 행사가 있지만 모든 행사에 대해 승인이 필요하다. 특히 외국인이 주최하는 행사는 절차가 더 복잡하다. 정치적으로 활용될 수 있을 가능성을 검증하는 정도로 생각하면 된다. 필요한 서류를 작성해 이란 외교부에 전달하면 경찰 등과 협의를 거쳐 행사가 실제로 이뤄질 호텔 등으로 정식 허가 공문이 내려온다. 아무리 빨라도 3주 이상은 걸린다. 한도 없이 늘어지는 경우도 허다하다 보니 허가를 얻는 것이 한국인들 입장에서 매우 속 터지는 일이다. 행사 직전이 되서야 허가가 나는 경우가 대부분이기 때문이다.

이 공문이 있다고 끝이 아니다. 현장에서 진행되는 상황이 신청 내용과 다를 경우엔 언제든 행사가 취소된다. 이란 현지 한국 기업들 사이에서는 A기업이 진행하다 행사 중간에 전기가 끊겨 버린 행사가 전설처럼 회자되고 있다. '선동'으로 비춰질 수 있는 행위는 특히 조심해야 한다. 또 여성이 무대에 등장하는 행사는 더 깐깐한 주의가 필요하다. 참고로 이란에서는 연예인들의 광고 출연이 최근에서야 제한적으로 허용되고 있다. 특정 개인이 많은 인기를 얻어 우상화되는 현상 자체를 극도로 꺼리기 때문이다.

일상생활에서도 주의할 일이 많다. 먼저 각종 자료 조사 차원에서 사진을 찍을 수밖에 없지만 사진을 찍을 때는 항상 이란 사람에게 먼저 물어보는 것이 낫다. 다 똑같은 건물이지만 그중에는 정치적으로 민감한 건물이나 장소가 있을 수 있다. 또 이란 사람들은 모르는 여성의 얼굴을 찍는 것을 금기시하고 있다. 한국인에 대한 관심이 높아서 젊은 여성들이 한국 남성들에게 사진을 찍자고 제안을 하는 경우도 있지만 일반적인 경우는 아니다.

두 번째로 정치 및 종교와 관련된 발언은 주의해야 한다. 당연한 얘기지만 그들의 문화를 존중한다는 생각 정도만 갖고 있어도 별 문제가 생기지 않는다. 특히 최고지도자와 관련된 내용, 혁명수비대와 관련된 내용에 대해서는 언급을 피하는 것이 좋다.

이란에서 오랫동안 일을 해 온 A씨는 어느 때부터인가 이상한 경험을 했다. 한국 본사와 통화를 할 때마다 자신의 말이 메아리처럼 반복되는 경험을 하게 된 것이다. 처음엔 별일 아니려니 싶었다. 그러나 잊혀질 만하면 비슷한 현상이 나타났다. 그러던 차에 이란에 더 오래 살았던 다른 한국인의 설명을 듣고 무릎을 쳤다. 도청을 당할 경우에 나타나는 전형적인 현상이라는 설명 때문이었다. 실제로 A씨의 사례처럼 곳곳에서 뭔가 감시당하고 있다는 느낌을 갖게 되는 경우가 있다. 물론 물증은 없다. 그냥 기분 탓일 수도 있다. 현지에서 오랫동안 머물렀던 한국인들은 '낮말은 새가 듣고 밤말은 쥐가 듣는다'는 격언이 딱 들어맞는 곳이 이란이라고 말한다.

어디서든 감시의 눈길이 당신을 쳐다보고 있는 것이다. 이란도 사람 사는 곳이고 일상적인 경우엔 큰 불편함이 없다. 그러나 별일 없다고 점차 대담해진다면 어느 순간에든 당황스러운 상황에 처할 수 있음을 명심해야 한다.

한국어 통역도 구하기 힘든 상황에서 어떻게 많은 한국인들을 관리할까 싶어지지만 다 방법이 있다고 한다. 북한에서 한국어를 배운 사람들이 많아서다.

이란과 미국, 아슬아슬한 줄타기

김정관 한국무역협회 부회장은 2015년에 이란을 방문했다. 협회 차원의 공무로 이란을 방문한 것이었고 한국 정부와 이란 정부가 이에 관해 설명한 서류들도 완벽했다. 그러나 그해 미국을 방문했던 김 부회장은 곤혹스러운 상황에 처했다. 미국 입국 심사에서 엄청나게 깐깐한 질문들이 쏟아졌기 때문이다. 결국 김 부회장은 입국 심사대를 넘어서기 위해 두 시간 가까운 시간을 써야 했다.

경제제재가 해제됐다고는 하지만 미국은 아직 이란에 대한 의심을 거두지 않았다. 아직 직접적인 거래도 되지 않는다. 그렇다 보니 미국과 관련이 있는 기업인이라면 이란 입국에도 제한이 많다. 국내 굴지 그룹의 오너인 A씨는 이란 방문을 계획했다가 자신이 입국 금지 대상이란 사실을 통보받았다. 그룹에서 미국 기업을 보유하고 있기 때문이었다. 한국 기업에서 CEO로 일하고 있는 B씨 역시 이란에 갈 수 없다. 미국 시민권을 갖고 있기 때문이다. B씨는 한국 국적도 갖고 있다.

당장 이란을 다녀오면 미국에 갈 때 불편함이 커진다는 사실을 감수해야 한다. 2011년 3월 이후 이란을 다녀왔다면 전자여권 보유자라면 신청이 가능한 비자면제프로그램(ESTA) 대상에서 제외된다. 즉 미국에 가려면 비자를 신청해야 한다는 얘기다.

기존에 10년짜리 비자를 받았다고 여유를 부릴 일도 아니다. 이란을 다녀오는 순간 기존에 발급받은 미국 비자는 무효 처리 된다. 즉 비자

신청을 다시 해야 한다는 얘기다. 그러나 미국을 급하게 방문해야 하는 상황이라면 긴급 비자 인터뷰를 신청하면 된다. 미국 대사관에 따르면 비자 인터뷰 긴급 예약은 2011년 3월 1일 이후에 이라크, 이란, 수단, 시리아, 리비아, 예멘 혹은 소말리아로 여행을 하였으며 미국으로의 여행 목적이 급박한 경우에 해당한다.

방문한 때로부터 시간이 지나면 제약 사항이 완화되지 않을까 생각했다면 오산이다. 미국 대사관에 따르면 2011년 3월 이후 단 1회라도 방문한 경력이 있으면 여권을 바꾸지 않는 한 미국 입국에서는 특별 관리 대상이다.

비즈니스에서도 주의할 점이 있다. 이란에서 비즈니스를 하다 보면 '유력', '실세' 인사와의 인맥을 구축하고 싶은 유혹을 느낄 수밖에 없다. 모든 불편한 사항을 한 번에 해결할 수 있다는 유혹은 거부하기 힘들다. 또 실제로 이들과의 네트워킹을 도와줄 수 있다는 수많은 에이전트 등의 접촉을 받게 될 것이다. 그러나 실세 핵심 인사일수록 이란 외 비즈니스에서 제약이 생길 수 있는 가능성이 높다는 점을 명심해야 한다. 미국의 경제제재 대상일 가능성이 높기 때문이다. 개인 혹은 기관 등이 경제제재 대상으로 지정돼 있다.

일례로 이란의 핵심 그룹 중 한 곳인 T그룹은 이란 핵심 권력자들의 자금줄로 알려져 있다. 이 때문에 이란에서 T그룹을 통하면 못할 일이 없다. 이란 현지 지상사의 한 관계자는 "T그룹을 통한다면 안되는 사업도 대박이 날 것"이라고 평했다.

그러나 T그룹은 미국의 주 감시 대상이다. 거래를 한 것만으로도 미국 거래에 즉각적인 제한이 생긴다. 그만큼 미국과 거래가 있다거나 거래 계획이 있다면 조금 더 고민해야 한다.

앞에서 설명한 대로 미국 재무부 산하의 외국자산통제국(OFAC) 사이트에서 대상 지정 여부를 확인할 수 있다. OFAC는 금융 분야의 CIA로 생각하면 된다. 테러·마약 조직은 물론 대량 살상 무기 생산 국가 등의 자금줄 추적을 전문으로 한다. 당연한 일이지만 9·11테러 이후에 OFAC의 힘은 더욱 강화되었다. 문제가 있다고 여기면 CIA와 FBI 등을 통해 수사를 시작하고 관련 주체(개인, 기관)의 미국 내 자산동결, 경제제재 등을 시작할 수 있다.

한·이란 최고 파트너십 가능한 모델은?

> 매일경제는 2016년 2월 28일과 29일 이란 테헤란 현지에서 '매경이란포럼'을 개최했다. 당시 한국과 이란의 경제협력을 위한 방안을 모색하기 위해 'CEO 라운드테이블' 세션을 진행했다. CEO 라운드테이블 세션은 전문가 3인의 기조연설과 한·이란 전문가 7인의 토론으로 이뤄졌다. 당시 논의된 내용이 이란비즈니스를 준비하는 기업인들에게 도움이 될 수 있다는 판단에서 당시 행사 내용을 보도한 기사를 이 책에도 소개한다(〈매일경제〉 2016년 3월 2일 자 A3면).

'아스레 자디데 이란(새 시대의 이란)'을 위해 한국과 이란 두 나라 경제전문가들이 한자리에 모였다. 현지 시간으로 2016년 2월 29일 이란 테헤란 아자디 호텔에서 열린 '매경이란포럼' 하이라이트 'CEO 라운드테이블'이다. 이 자리에서 참석자들은 "두 나라가 경제협력을 통해 무한한 가능성을 확인할 수 있을 것"이라고 입을 모았다.

박재현 매일경제 논설주간의 진행으로 열린 이날 행사에는 이덕훈 한국수출입은행장, 김기문 제이에스티나 회장, 이동근 대한상공회의소 부회장, 이승철 전국경제인연합회 부회장, 캠란 예가네기 이란 기획관리부 장관 자문역, 샤이드 샤비니 상하이교통대 교수(이란 변호사) 등이 참가했다.

이란과의 경제협력 해법은 '단점과 장점의 조화'였다.

이승철 전경련 부회장은 "원유 생산국이면서 가솔린의 20%를 수입하고 있는 이란과 석유 한 방울 나지 않으면서 원유 정제 능력 세계 6위인 한국은 완벽한 협력 모델을 만들어 낼 수 있다"고 자신했다. 그는 이어 1달러짜리 이란산 과일이 아랍에미리트(UAE)로 수출되면 가공과 포장을 거쳐 30달러가 된다는 점을 사례로 들며 농업 부문에서 양국 협력 가능성을 강조했다. 이 부회장은 "이란은 중동 지역 1위 과일 생산국이지만 포장 기술이 부족하고, 한국은 발효·저장 음식이 발달한 경험을 갖고 있다"며 "대추, 쌀, 매실, 보리, 옥수수 등을 차로 만들어 먹는 한국이 이란에 이런 경험을 전수하면 농업 부가가치를 늘려 나갈 수 있다"고 말했다.

19년째 이란에 시계를 수출하고 있는 김기문 제이에스티나 회장은 "이란에 수출하는 것은 다른 나라보다 3배 이상 어렵지만 경쟁국 사우디아라비아에 비해 가능성은 3배나 더 크다"며 '기회의 땅 이란'을 강조했다. 김 회장은 "중소기업 입장에서 30년간 수출을 했는데 이란 수출이 앞으로 훨씬 늘어날 것"이라며 "이란 수출을 추진하다가 상대적으로 수출하기 쉬운 다른 나라 생각에 중간에 포기하는 회사가 많은데, 고통을 참으면 성공 가능성이 무궁무진하다는 것을 명심해야 한다"고 말했다. 그는 "이란 시장에서 중국은 한국의 경쟁국이지만 프리미엄은 분명히 있다"고도 했다. 전 중소기업중앙회 회장으로 누구보다 중소기업 처지를 잘 알고 있다는 그는 이란 진출 기업을 위한 정책금융 지원을 호소했다. 김 회장은 "달러 결제가 불가능해 이란에서 대금을 받으려면 한국은행을 거쳐 7~10일 걸리는 등 제약 조건이 많다"며 "이란에 진출했거나 진출할 기업 어려움을 고려해 다른 나라에 수출하는 기업과 같은 수준까지만 올려놓아도 중소기업에는 큰 기회가 될 것"이라고 강조했다.

한국 정책금융기관 대표로서 CEO 라운드테이블 패널로 나선 이덕훈 한국수출입은행장은 이란 진출을 위한 민관 금융협의체 구성을 검토하겠다고 밝혔다. 이 행장은 "이란으로 향하는 기업들을 위해 지난달 80억 달러 규모 금융 패키지를 발표한 상태"라며 "한국 기업들이 이란 진출 시 금융을 보다 쉽고 편리하게 쓸 수 있도록 금융 패키지 규모를 늘리는 한편 금융협의체도 수출입은행 주도로 만들 것"이라고 말했다. 이날 수출입은행은 이란 진출 기업을 대상으로 3년간 금융 지원 로드맵도 발표했다. 이 행장은 "올해는 발주처나 금융회사 등과 자금 공급을 위한 금융 약정을 체결하고 이란 은행과의 신뢰도 재구축할 것"이라며

매경이란포럼 CEO 라운드테이블에 참석한 패널들이 한국 기업의 이란 진출 방안에 대해 열띤 토론을 벌이고 있다. 왼쪽부터 이동근 대한상의 부회장, 캠란 예가네기 이란 기획관리부 장관 자문역, 김기문 제이에스티나 회장, 박재현 매일경제 논설주간, 이덕훈 한국수출입은행장, 샤이드 샤비니 상하이교통대 교수, 이승철 전경련 부회장

"이란 정부 중점 추진 분야인 도급 사업, 시공자금융주선형 사업에 대한 금융 지원을 경제제재 이전 수준인 7,000억 원 규모로 확대하겠다"고 했다. 이 행장은 "2018년에는 1조 원 규모 금융 지원도 실시하겠다"고 설명했다. 박재현 매일경제 논설주간이 "중국 등 경쟁국과 비교하면 이란에 대한 금융 패키지 제공 여력이 부족한데 대안이 없느냐"고 하자 이 행장은 "이란 국영은행, 국영상업은행, 국부펀드와 협조융자 체계를 구축하겠다"며 "전통적 수출 신용과 대외경제협력기금(EDCF) 연계 지원을 통해 대출 기간과 금리, 규모 등을 보완하겠다"고 답했다.

이란 측 인사들도 한국의 경제협력 제안에 화답했다. 캠란 예가네기 장관 자문역은 한국 경제성장 노하우를 이란에 전해 줄 것을 강조했다. 예가네기 자문역은 "한국 브랜드나 마케팅 지원 등 노하우를 전수받고

자 하는 기대감이 크다"며 "특히 문화 분야에서 마케팅 경험은 두 나라 경제협력 가능성을 높여 줄 것"이라고 말했다. 한국 기업의 이란 진출에 대해 그는 "한국처럼 이란도 경제특구가 설치돼 있다"며 "각 주(州)별로 특성이 모두 다른 만큼 이란 전체를 보지 말고 지역별 투자 특성을 고려해야 한다"고 조언했다.

이란 변호사인 샤이드 샤비니 상하이교통대 교수는 "이란 시장에서 한국 브랜드는 중국보다 더 높은 가치를 갖고 있다"며 "이런 프리미엄을 충분히 활용할 수 있어야 한다"고 했다. 샤비니 교수는 "경제협력 근간은 소비자 특성을 먼저 파악하는 것에서 출발하는데 중국 브랜드는 품질이 나빠 이란 시장 진출에 실패했다"며 "프리미엄 위주로 구매하는 소비자가 늘어나고 있는 추세인 만큼 품질에 대해 끝없이 고민할 필요가 있다"고 강조했다.

기회의 땅 이란에 주목하라

> 다음은 'CEO 라운드테이블'에서 이뤄졌던 전문가 3인의 기조강연을 요약한 기사다(《매일경제》 2016년 3월 1일 자 A3면).

"이란 시장이 녹록지는 않겠지만 한국엔 제2의 중동 붐을 일으키는 기회의 땅이 될 것이다."

2016년 2월 29일 테헤란 아자디 호텔서 열린 매경이란포럼 'CEO 라운드테이블'에서 정영훈 코오롱글로벌 전무, 유달승 한국외대 이란어과 교수, 서정민 한국외대 국제지역대학원 교수 등 이란 전문가 3인은 이구동성으로 "한국이 이번 기회를 놓치면 안 된다"며 이란 시장에 주목할 것을 조언했다.

정영훈 전무는 "이란은 전통적으로 안면을 중시하는 시장으로 평상시 신뢰감 형성이 무엇보다 중요하다"며 "단기간 시장 공략이나 전화, 이메일 등을 통한 비즈니스만으로는 협상에 한계가 있다"고 말했다. 정 전무는 1998년 이후 14년 동안 이란 시장을 담당하고 있는 국내 대표적 '이란통'이다. 코오롱 테헤란지점 매출을 600만 달러에서 3억 달러까지 끌어올린 입지전적인 인물로 중동 시장 환경에 정통한 것으로 평가받고 있다. 정 전무는 이란에서 법규나 규정, 행정적으로 아직 불투명한 게 적지 않은 만큼 이에 대해 유의할 필요가 있다고 지적했다. 그는 "문서화된 규정이 없는 경우가 많아 여러 경로를 통해 중복 확인할 필요가 있다"며 "관세율과 통관 제도 등이 수시로 변경돼 항상 대비해야 한다"고 설명했다.

정 전무는 그러나 이런 난관에도 불구하고 이란은 중동과 구소련 지역인 독립국가연합(CIS) 지역 진출에 유리한 교두보 역할을 할 수 있는 지정학적 위치에 있고, 이란 인구 중 30세 이하가 절반이 넘는 등 풍부한 젊은 노동력을 보유하고 있어 시장 잠재력은 매우 높다고 평가했다. 정 전무는 "경제제재 해제 이후 이란 정부 중심으로 규제 개혁과 제도 개선이 추진되고 있다"며 "급속한 변화에 신축적으로 대응하고 안정적으로 시장에 진출하기 위해 역량 있는 기업과 긴밀한 네트워크를 구축해야 한다"고 말했다. 이어 "지금까지 완제품 위주 수출에서 벗어나 파이낸싱을 통해 직접투자를 하거나 기술이전을 통해 이란 시장을 적극적으로 공략할 필요가 있다"고 했다.

국내에서 중동 전문가로 유명한 서정민 교수는 이란 진출 유망 분야로 자동차 부품, 석유화학제품, 철강제품, 의료 기기 등을 꼽았다. 서 교수는 "2008년 KT&G가 이란 국영 담배 회사인 ITC와 합작한 현지법인(KT&G Pars)을 설립한 이후 현재까지 특별한 투자가 없는 상태"라며 "이란 에너지와 한국 제조업 기술을 결합한 진출 전략이 필요하다"고 강조했다. 그는 "이란에서는 국내 드라마 〈대장금〉이 큰 인기를 끄는 등 한류에 대해 문화적 친숙성을 갖고 있다"며 "이를 바탕으로 다방면에서 교류를 확대해야 한다"고 덧붙였다.

한국인 최초 이란 유학생으로 테헤란국립대에서 정치학 박사 학위를 취득한 유달승 교수는 대이란 관계를 국제정치학적으로 분석했다. 그는 이란 경제제재 해제가 미국과 이란 관계에서 커다란 전환점이 되고 있고, 앞으로 중동 정치 지형 변화도 본격화할 것으로 예상했다. 유 교수는 "이란이 미국과의 핵 협상 합의 내용을 이행하지 않을 경우 65일 이내 경제제재가 부활하고 10년간 준수할 경우 모든 조항이 무효화된다"며 "앞으로 미국은 중동 세력 균형과 견제라는 기조 아래 이란을 상대로 유화정책을 지속할 가능성이 높다"고 설명했다. 그는 "이란을 중심으로 한 시아파와 사우디아라비아를 중심으로 한 수니파가 석유 패권을 둘러싸고 경쟁 관계에 있는 등 이슬람 종파 간 갈등의 정점에 있다"면서도 "중동 지역에서도 실용주의 노선이 부상하면서 앞으로는 이해관계에 따라 종파 내 국가들끼리 이합집산이 이뤄질 것"으로 내다봤다.

이란 진출 3대 리스크

> 매경이란포럼에서 대한상공회의소 이동근 부회장은 현재 이란과 거래를 하고 있는 기업들을 상대로 한 설문 조사 결과를 발표했다. 다음은 발표 내용을 정리한 기사다(〈매일경제〉 2016년 3월 1일 자 A2면).

"이란의 가능성은 무궁무진하지만 제재가 다시 시작될까 두렵다. 정책금융 지원도 현재로선 부족하다."

국내 대기업과 중소기업들이 진단한 이란 교역의 현주소다.

이란 테헤란 아자디 호텔에서 열린 매경이란포럼에서 대한상공회의소는 이란에 진출했거나 진출할 예정인 기업 183곳을 대상으로 실시한 설문 결과를 발표해 눈길을 끌었다.

이동근 대한상공회의소 부회장은 "이란 진출을 염두에 둔 기업들에게는 재원이 충분하지 않다는 점과 함께, 언제든 제재가 복원될 수 있는 스냅백(snapback) 위험이 이란 진출을 꺼리게 만드는 요소"라며 "이란과의 경제협력에서 선결돼야 할 과제"라고 강조했다.

우선 기업들은 특히 수출신용보증 기관의 정책적 지원을 가장 우선시했다. 이란은 오랜 경제제재로 재정 상태가 악화돼 있어 발주처에서 100% 수준의 금융 조달을 요구하는 경우도 있다. 이때 경쟁국에 비해 금융 지원이 빈약하면 치명적인 약점으로 작용할 수 있다. 이 부회장은 "이란 진출 기업에 대한 금융 지원은 최대 숙제"라고 말했다. 또 "수출업계에서도 무역보험 한도가 부족하다는 의견이 지배적"이라며 "또 현지 정보가 부족해 진출 유망 분야나 프로젝트, 바이어 발굴에도 어려움을 겪고 있는 실정"이라고 말했다.

이뿐만이 아니다. 지금은 제재가 해제됐지만 이란과 미국의 관계가 다시 냉랭해질 경우 제재가 되살아날 가능성이 있다는 점도 기업들에게는 꺼림칙한 변수다. 아직까지 잔존하는 제재 역시 진출을 가로막는 '보이지 않는' 장벽이다. 이란에 대한 경제제재는 풀렸어도 일부 제재 대상자는 그대로 유지되고 있기 때문이다.

실제로 설문 조사에서는 달러화 결제가 금지됨에 따라 위안화, 유로화, 엔화 등 결제통화가 늘어날 필요가 있다(40.3%)는 응답이 많았다.

이 부회장은 "잔존하는 제재로 인해 이란 측과 거래할 때 달러화 결제가 불가하고 미국산 제품의 이란 재수출이 금지돼 있으며 거래 상대방 확인 필수 등 유의 사항도 적지 않다"며 "다시 제재 절차에 들어설 경우 모든 거래가 중단될 가능성도 있기 때문에 현실적인 어려움이 있다"고 설명했다.

이밖에 이란 정부와의 협력이나 커뮤니케이션을 강화해야 한다

한국 기업의 이란 교역 건의 사항

1	금융 지원 증대	44.2%
2	위안화, 유로화, 엔화 등 결제통화 추가	40.3%
3	이란 정부와의 커뮤니케이션 강화	29.2%
4	현지 정보 제공 및 컨설팅 서비스 확대	27.9%
5	이란 기업과의 교류 및 네트워킹 기회 마련	24.7%
6	진출 유망 분야 발굴 및 지원	13.6%
7	이란을 대외경제협력기금(EDCF) 대상국으로 재편입	9.1%
8	기타	11.7%

※ 대기업 100곳, 중소기업 83곳 대상 설문 조사   자료: 대한상공회의소

(29.2%)는 의견도 적지 않았다. 현재 기업인의 이란 방문 시 단수비자인 현실도 개선해 복수비자를 발급받을 수 있도록 이란 외교 당국과의 협의도 필요하다고 기업들은 봤다.

대한상공회의소는 이란 시장에의 진출 전략도 설명했다. 이 부회장은 이란으로 소비재를 수출하려는 기업들은 "수출만 강조할 게 아니라 한국이 이란의 경제성장 파트너로서 호혜적인 관계를 유지하고자 노력하고 있다는 점을 보여 줄 필요가 있다"고 말했다. 특히 수출만 강조할 경우 한국이 이윤을 내고자 일방적으로 공략한다는 부정적 이미지가 형성될 수 있으므로 현지 기업과 합작 기업을 설립하라고도 지적했다.

플랜트 수출에 대해 대한상의는 현지 기업과의 컨소시엄을 최우선 목표로 삼으라고 설명했다. 이 부회장은 "이란 정부 발주 사업의 경우 수의계약 등을 통해 혁명수비대 산하 건설 업체가 수주를 독점하는 상

황이며 로컬 건설사의 역량이 높아 국내 기업 단독으로 수주는 어렵다"
고 말했다.

이란 내에서 새롭게 형성되고 있는 사회복지 수요는 중국과 일본 그
리고 유럽 기업들과 경쟁할 때 한국 기업이 서비스 품질 대비 가격이 합
리적이라는 이점도 활용할 필요가 있다고 봤다.

한국 대기업 수장들 양국 경제협력 가능성 확인

> 매경이란포럼에 참석한 우리나라 대기업 경영인들이 한·이란 경제협력 가능성
> 에 대해 의견을 나눈 기사다(《매일경제》 2016년 3월 1일 자 A2면).

'매경이란포럼' 참석을 위해 이란 테헤란 땅을 밟은 대기업 수장들은
"양국 경제협력의 가능성을 확인했다"고 입을 모았다. 재계의 내로라하
는 경영인들은 이란을 둘러보고 이란의 발전 가능성을 확신했다.

손경식 CJ그룹 회장은 매경이란포럼 하루 전에 현지에 도착하는 열
의를 보이며 이란의 기업 환경을 꼼꼼히 점검했다. 손 회장은 "달러 결
제가 불가능해 교역 조건이 쉽지 않고, 이란 제재 해제의 실효성에 의문
이 남아 있는 것이 엄연한 사실"이라면서도 "이란의 가능성을 두 눈으
로 확인해 보는 시의적절한 포럼이었다"고 말했다.

손 회장은 "매경이란포럼이 테헤란 현지에서 열린 것만으로도 한국

매경이란포럼에 참석하기 위해 이란 테헤란을 찾은 한국 대기업 수장들. 왼쪽부터 최신원 SK네트웍스 회장, 박삼구 금호아시아나그룹 회장, 손경식 CJ그룹 회장, 구자열 LS그룹 회장, 박상진 삼성전자 사장

과 이란이 경제협력을 하는 데 한 발을 뗀 것"이라며 "우리말에 '시작이 반'이라는 말이 있듯이 매경이란포럼을 계기로 이란과의 경제협력 방안을 고민해 보자"고 말했다. 그는 특히 "식품이나 소비재 분야에서 협력할 수 있는 방안을 한국 기업들이 고민해 볼 만하다"고 덧붙였다.

30여 년 만에 테헤란을 방문한 박삼구 금호아시아나그룹 회장은 한국과 이란 간 직항로를 개설할 가능성을 내비쳤다. 박 회장은 매경이란포럼에 참석하기 위해 통상의 경제 사절단과는 달리 카타르를 거쳐 테헤란의 이맘 호메이니 공항으로 입국했다.

박 회장은 "이란과 한국은 매우 가까운 나라였다"며 "1970년대까지만 해도 이란과 한국의 관계는 우호국 중에서도 단연 으뜸이었지만 국제적·정치적 상황 등으로 한국과의 교역이 줄어들었던 점이 안타깝다"고 말했다. 그는 특히 매경이란포럼에 동행한 참석자들에게 "이란 땅에 오실 때 아시아나항공을 타고 오셨어야 했는데 그러지 못했다"며 "이란 직항로 개설 가능성을 검토해 보겠다"고 말했다.

박 회장은 포럼 기간에 이란 내 금호타이어 주요 거래처와 만나 시장 상황을 점검하고 판매 확대 계획을 모색하기도 했다. 이란은 연간 약 2,200만 개 정도의 타이어가 판매되는 시장으로 금호타이어 등 국내 제조업체 3사가 20~30%가량의 시장점유율을 차지하고 있다.

구자열 LS그룹 회장은 "매경이란포럼을 계기로 테헤란에 와 보니 (LS그룹이) 활동할 부분이 많아 보인다"고 말했다. 두바이 지사에 있는 LS산전 직원들은 구 회장이 이란을 방문하기 몇 주 전에 테헤란을 방문해 사업 확대 내용 등을 파악할 수 있도록 사전에 점검하고 갔다. 그는 "앞으로 이란 땅을 자주 밟을 것으로 예상된다"고 말해 향후 이란과의 사업 확대 가능성을 내비쳤다.

최신원 SKC 회장은 수출이나 투자 여건이 충분하지 않지만 가능성은 무궁무진하다고 기대감을 보였다. 최 회장은 "결제통화 등 자금 사정이 어려운 것이 사실"이라면서도 "기업가는 상대방을 신뢰할 때 더 큰 협력을 이룰 수 있다"고 말했다. 최 회장은 "제재가 해제된 이후 처음 열리는 대규모 포럼인 만큼 이제 씨앗이 뿌려졌으니 열매를 거둬들이도록 한국 기업인들이 힘써야 할 때"라고 덧붙였다. 그는 "이란과의 교역이 커지고 관계가 개선된다면 장기적으로는 남북한 우호적인 관계의 실마리를 얻을 수 있을지도 모른다"고 말했다.

최 회장은 2016년 2월 29일 매경이란포럼이 열리는 아자디 호텔에서 이란 내 SKC의 주요 사업 파트너인 키미야가란과 발주의향서(LOI)를 체결했다. LOI에는 기존 교역량을 더욱 확대하고 사업 합작을 검토한다는 내용이 담겼다.

박상진 삼성전자 사장은 "이란이 제재받던 나라에서 개혁과 개방으로 나아가는 국가들의 중심에 서게 됐다"며 "비유하자면 이란의 무장해제는 경제적 측면에서는 한국에 무한 경쟁의 시대가 온 것"이라고 말했다.

박 사장은 "이 불확실성을 뚫고 정부와 기업이 힘을 합쳐야 한다"며 "이란 시장에서 성공을 이끌어 나가는 시기가 올 것"이라고 덧붙였다.

이란에 코리안드림을 심어라

김기문 제이에스티나 회장

필자는 2016년 2월 28~29일 이란 수도 테헤란에서 열린 매경이란 포럼에 참석했다. 이란에서 20년간 사업한 중소기업인으로 이번 포럼의 성과를 높이 평가한다. 만나기 쉽지 않은 이란 고위직들의 이야기를 직접 들을 수 있었다는 점과 양국 기업인들을 위한 네트워킹 자리가 마련됐다는 점에서 의미가 컸다. 무엇보다 이란은 우리 기업인들이 접근하기 어려운 '신시장'이라는 점에서 시의적절하면서도 정말 필요한 포럼이었다. 앞으로도 우리 중소기업이 접근하기 어려운 신시장에서 글로벌 포럼을 또 개최해 주기를 희망한다.

필자도 이번 포럼을 계기로 이란에서 성공을 거두고 싶어 하는 중소기업에 세 가지 조언을 하고 싶다. 첫째, 이란의 '코리안드림'을 활용하라는 것이다. 이란포럼 기간 중 테헤란에 위치한 로만손 매장에서 한 이란 여직원을 만났다. 그 직원은 필자보다 한국 드라마와 연예인에 대해 더 잘 알고 있었다. 한국에 온 적도 없는데 한국어도 잘했다. 인터넷을 통해 한국 드라마를 보면서 공부한 것이다. 이런 이란 젊은이들은 영미 문화보다는 한국 문화를 더 좋아한다. 이란 전체 인구의 50% 이상이 30대 이하인데 구매력을 갖춘 이들 세대가 한국에 열광하고 있다.

2015년 11월에는 300개 딜러를 대상으로 한국, 말레이시아, 오만 등을 선택해서 갈 수 있도록 프로모션을 실시한 적이 있다. 그중 90%가 한국에 오고 싶어 했다. 이란 국민에게 한국을 동경하는 '코리안드림'이 있는 것이다. 과거 한국 드라마 〈주몽〉과 〈대장금〉이 큰 인기를 끈 것은 이미 널리 알려져 있다. 하지만 이는 일회성으로 그치지 않고 한국 문화에 대한 관심은 계속되고 있다.

한국 연예인을 광고 모델로 쓰는 것은 중소기업이 부담하기 어려운 비용이 든다. 하지만 드라마 간접광고(PPL)를 활용하면 적은 비용으로도 엄청난 마케팅 효과를 얻을 수 있다. 마케팅에 많은 비용을 쓸 수 있는 대기업과 달리 중소기업은 시간을 두고 이란에서 브랜드 이미지를 구축해야 한다. 로만손은 오랜 시간 이란 시장에서 꾸준히 브랜드 이미지를 구축해 현재 이란에서 인지도가 80~90%는 된다. 이는 엄청난 무형의 자산이다.

이란에서 중국을 반면교사로 삼아야 한다. 우리나라가 이란 경제제재로 힘을 못 쓰는 동안 중국 기업들은 저가 공세를 통해 이란에 접근했다가 오히려 품질 문제가 발생해 이미지가 실추됐다. 이란 사람들도 어떤 제품이 좋고 나쁜지를 안다. 또한 이란에는 부유층도 많기 때문에 제품의 품질을 따진다는 것을 잊지 말아야 한다.

둘째, 이란 기업인들과 '무형의 노하우'를 나누라는 것이다. 이란 기업인들이 한국 기업들에 가장 원하는 것은 직접투자, 기술이전, 금융 같은 것이다. 하지만 그들도 이것이 쉽지 않다는 것을 안다. 그렇다면 한국의 마케팅 기법과 선진 시스템을 전수해 주면 된다. 공항 등 공공 서비스를 비롯해 이란 사회에는 개선될 사항이 많다. 우리가 원하는 것이 아니라 이란이 요구하는 것을 그들에게 줘야 한다.

마지막으로 이란이 무슬림 국가라는 것을 항상 명심해야 한다. 이슬람교의 율법을 무시해서는 안 된다. 그들의 문화를 존중하고 따라야 한다.

이란에서 중소기업이 성공하기 위해서는 정부를 비롯한 공공 기관의 도움이 필요하다. 우선 코트라가 이란에 어두운 중소기업을 위해 시장을 개척하고 정보를 제공해 줘야 한다. 수출입은행의 이란 수출에 대한 금융 지원도 필요하다. 무역보험공사는 이란 D/A(외상) 수출에 대해 형식적인 것이 아닌 실질적인 보증을 해 줘야 한다. 이는 우리 정부가 언제든지 할 수 있는 것이며 다른 나라에서도 하고 있는 것이다.

2016년 2월 수출이 2015년 같은 달보다 줄어들어 14개월 연속 감소하고 있다는 우울한 소식이 들린다. 전 세계적으로 무역이 침체되는 상황에서 우리나라가 수출을 확대할 수 있는 유일한 방법은 이란과 같은 신시장을 개척하는 것뿐이다. 이란은 이미 걸프협력회의(GCC) 6개국을 합친 것보다 더 큰 시장이며 개방이 가속화하면서 앞으로 더 확대될 수 있는 시장이다. '아스레 자디데 이란(새 시대의 이란)'이 이제 열린다.

와인 시라즈의 고향은 이란

이란 정부는 자국 영토 내에서 내·외국인을 가리지 않고 원칙적으로 음주를 금하고 있다. 이슬람 율법에 따른 것으로 이란 외에도 다른 중동 지역 이슬람 국가들도 알코올을 허용하지 않는 경우가 많다. 음주를 하다가 적발된 이들은 체포돼 공개 태형을 받게 된다.

2015년 말 이란의 하산 로하니 대통령은 프랑스를 방문하며 외교적 마찰을 빚기도 했다. 국빈을 대접할 때 프랑스 정부는 전통적으로 와인을 제공하지만 이란 측이 종교적 이유로 와인이 들어간 식사를 받을 수 없다고 거절한 것이다. 프랑스 정부는 자국 인사들에게만 와인을 제공하겠다고 제안했으나 이란 정부 관계자들이 와인을 마시는 테이블에 함께 앉을 수 없다고 반발한 탓에 결국 식사 테이블에는 와인이 오르지 못했다.

정말 이란은 '알코올 프리' 국가일까? 〈뉴욕타임스〉는 2014년 8,000만 이란 인구 중 100만 명 정도가 음주를 하고 알코올중독자가 20만 명에 달한다고 보도했다.

테헤란 시내에는 정식으로 술을 마실 수 있는 곳이 단 한 군데 있다. 아르메니아식 클럽 식당인 '아라랏(Ararat)'인데 이곳에서는 술은 물론이고 이슬람교가 금하는 돼지고기 요리도 먹을 수 있다. 이란인들과 수천 년을 공존해 온 기독교계 소수민족 아르메니아인들의 전통문화를 존중해서다.

이밖에도 유럽식 식당들과 중국, 일본, 한국 식당들도 암암리에 자국민들을 대상으로 술을 판매하고 있고, 밀주와 밀수도 성행하고 있는 것으로 알려졌다. 이란인들은 술을 마실 때 자택이나 극히 폐쇄적인 공간에서 친지와 친척들끼리 모여 몰래 마신다고 한다.

그런데 재밌는 사실은 와인 '시라즈'의 원조가 이란이라는 것이다.

와인 애호가들이 대표적으로 꼽는 레드 와인 중에는 시라즈(Shiraz)종이 있다. 말린 자두 향 속에 톡 쏘는 냄새가 배어 있어 붉은 고기와 잘 어울리기에 전 세계인들의 사랑을 받는다. 시라즈 와인은 프랑스, 이탈리아에서도 일부 생산되지만 주산지는 호주다. 호주에서는 몇몇 최고급 시라즈 빈티지가 국보로 지정됐을 정도다. 그런데 이 시라즈의 고향은 유럽이 아니고 더더욱이 호주도 아니다. 바로 이란의 유서 깊은 동명(同名)의 대도시, 시라즈(Shiraz)다.

공식적으로 엄히 술을 금하는 현재 이란에서는 상상도 하기 힘든 일이지만 고대 이란 지역에 있었던 대제국 페르시아에서는 와인이 생필품 중 하나였다. 시라즈 지역에서 나는 포도 품종으로 빚은 와인은 기원후 2세기경부터 유명한 특산물이었다. 그러나 7세기에 이슬람이 도래해 술을 엄격하게 금하자 시라즈 와인은 역사 속으로 사라지고 포도 품종만이 남게 됐다.

십자군 전쟁이 한창이던 13세기, 프랑스판 '문익점'이 등장한다. 퇴역 군인이던 기사 가스파르 드 스트랑베르그는 우연히 시라즈 시를 지나가다가 시라즈 포도를 맛보게 된다. 와인 애호가였던 그는 이 포도로 와인을 빚으면 빼어난 맛이 날 거라고 생각하고 씨앗을 훔쳐 고향으로 돌아와 심었다. 이것이 훗날 고급 와인의 대명사가 된 라 샤펠(La Chapelle)의 탄생이다. 다시 이 시라즈종 포도는 호주로 건너가 오늘날 시라즈 와인의 재료가 된다.

4 이란비즈니스
이렇게 뚫어라

알면 유용한 도착비자

이란 경제제재가 풀리면서 한국에서도 이란을 찾는 사람이 급증했다. 구체적인 통계는 없지만 현지 대사관과 여행사 관계자 등에 따르면 2016년 들어 이란을 방문한 한국인은 과거 교류가 활발할 때만큼 늘었다고 한다. 인적 물적 교류가 다시 활기를 띠자 최근 대한항공은 인천~테헤란 직항 노선 운수권을 국토교통부로부터 확보했다. 이란 하늘길이 40년 만에 열리게 된 것이다.

이란에 입국하기 위해서는 반드시 비자가 필요하다. 비록 여행이나 단기 체류 목적이라도 마찬가지다. 비자 없이 이란 국경을 넘는 것은 현재 불가능하다. 언젠가 이란도 무비자로 왕래하는 날이 오겠지만 아직 장담할 수 없다. 무비자 방문이 가능하게 될 경우 이란을 찾는 사람은 크게 늘어날 것으로 보인다.

시간적 여유가 있다면 서울 한남동에 있는 주한 이란 대사관 영사과에서 이란 비자를 신청한 후 발급받을 수 있다. 보통 여행 등 단기 체류 목적 비자는 유효기간이 30일이다. 신청서를 작성하고 대사관에 소정의 수수료를 지불하면 비자를 발급받을 수 있다.

현지인이나 현지 기업으로부터 초청장을 받는 기간과 비자 심사 기간 등을 고려할 때 비자를 발급받기까지는 적어도 일주일이 필요하다. 반드시 초청장이 필요하다. 초청장을 발급받기 어렵다면 코트라(KO-TRA) 테헤란 무역관에 연락해 초청장 발급을 부탁하는 것도 방법이다.

문제는 다급하게 이란으로 들어가야 하는 경우다. 시일이 촉박할 경우에는 국내에서 비자를 발급받는 것이 사실상 불가능하다. 이렇게 국내에서 비자를 발급받을 시간이 없을 경우에도 당황하거나 포기할 필요는 없다. 일단 항공 편부터 확보하고 무작정 인천국제공항으로 달려가도 된다. 비자가 없다고 출국이 불허되는 것은 아니다. 테헤란 공항까지는 비자 없이도 갈 수 있다.

이렇게 무비자로 이란 공항에 도착했을 경우 도착비자를 발급받으면 입국이 가능하다. 따로 증명사진을 휴대할 필요도 없다. 달러나 유로로 여행자보험 보험료와 비자 수수료만 납부하면 된다.

도착비자를 발급받기 위해서는 우선 공항에서 여행자보험에 가입해야 한다. 보험료는 1인당 약 20달러다. 여행자보험에 가입한 후 비자 발급 창구로 이동해 신청서를 작성한 후 수수료 약 33달러를 지불하고 30분~1시간을 대기하면 도착비자가 나온다.

신청서 작성 때는 반드시 현지인 연락처를 기재해야 한다. 한국 교민도 무방하지만 페르시아어가 가능한 사람일수록 유리하다. 도착비자 발급 창구 직원은 현지인과 통화해 초청 여부를 확인하는 과정을 거친다. 도착비자를 발급받기 위해서는 현지인에게 꼭 전화를 받아 달라는 부탁을 미리 해 둬야 입국 거부라는 최악의 사태를 막을 수 있다.

도착비자 유효기간은 정해진 것이 없다. 보통 30일짜리로 발급해 주지만 어떤 경우 15일짜리를 발급해 주기도 한다. 이는 전적으로 비자 발급 창구 직원 개인의 판단에 달려 있다. 체계적이지 못한 부분이지만 항의할 경우 자칫 발급받은 비자까지 무효로 할 수 있어 주의해야 한다. 이란 공공 기관은 아직 외국인에게 우호적이라고 보기 어렵다.

15일 비자를 발급받았지만 출장 기간이 이보다 긴 경우 현지에서 에이전트를 통해 비자 유효기간을 연장할 수 있다. 혹시 방법을 모르거나 거절당할 경우 비행기로 2시간 30분 거리에 있는 아랍에미리트 두바이로 나갔다가 들어오면 된다. 이 경우 항공료와 두바이 체류 비용, 도착비자 발급 수수료가 또 들지만 비자 기간을 연장하는 가장 확실한 방법으로 많은 출장자들은 실제로 이 방법을 이용하고 있다. 두바이로 나갈 경우 이란에서는 구하기 어려운 한국 라면과 김, 김치 등을 공수해 오는 것도 가능하다.

두바이 경유해서 이란 가기

우리 국민이나 기업인들에게 이란이 멀게만 느껴지는 것은 직항 노선이 없기 때문이다. 직항 노선만 있다면 편도 10시간 안팎 거리지만 두바이나 이스탄불, 로마 등을 경유해야 해서 최소 15시간 이상 걸린다.

최근 이란 방문객이 급증하자 대한항공은 주 4회 인천~테헤란 직항 노선을 운영할 수 있는 권리를 획득했다. 기업인들에게는 더없이 반가운 소식이다.

현재 이란 수도 테헤란으로 가는 항공 편은 크게 네 가지로 나눠 볼 수 있다. 우선 이용객이 가장 많고 시간도 가장 적게 걸리는 항공 편은 두바이를 경유하는 에미레이트항공이다.

에미레이트항공은 인천국제공항에서 매일 오후 11시 55분에 출발한다. 이 비행편을 이용하면 두바이 공항에 익일 오전 4시 30분경 도착한다. 그리고 오전 7시 45분 에미레이트항공을 타면 오전 10시 30분경 테헤란에 있는 이맘 호메이니 국제공항에 도착한다. 총소요 시간은 15시간이다. 공항에서 간단한 식사를 하고 테헤란 시내 호텔까지 이동하면 체크인 시간과 딱 맞다.

테헤란 시내 호텔은 대부분 오후 2시부터 체크인 할 수 있다. 체크아웃 시간은 오후 12시다.

터키항공을 타고 이스탄불을 경유하는 방법도 있다. 인천에서 이스탄불까지는 12시간이 걸린다. 이스탄불 공항 환승 시간은 2시간 40분이다. 그리고 터키항공을 타고 테헤란에 도착하는 것은 새벽 1시 30분 경이다. 총 18시간 가까이 걸린다. 테헤란 도착 시간이 새벽이라는 점 때문에 선호도가 높지 않다.

호텔 체크인 시간과 맞추기 위해서는 이스탄불 공항에서 약 5시간 대기하는 노선을 선택하면 된다. 이 항공 편은 오후 11시 10분 인천을 출발해 익일 오전 4시 30분 이스탄불에 도착한다. 환승 대기 시간은 5시간으로 오전 9시 55분 터키항공을 탑승하면 오후 2시께 테헤란 공항에 도착한다. 총 19시간 30분 정도 걸리지만 호텔 체크인 시간과 딱 맞는다는 장점이 있다.

국적기를 선호한다면 매일 오후 1시 15분 두바이로 출발하는 대한항공을 이용할 수 있다. 이 경우 두바이까지 걸리는 시간은 10시간 15분이고 환승 대기 시간은 6시간 20분이다. 공항에서 대기한 후 에미레이트항공을 타고 2시간 10분이면 테헤란 공항에 도착한다. 테헤란 공항 도착 시간은 새벽 3시 30분이다. 총소요 시간은 약 19시간이다. 이 환승법 또한 새벽 도착이라는 핸디캡이 있어 선호도가 낮다. 차라리 두바이에서 1박을 한 후 아침 비행기를 타고 테헤란에 들어가면 호텔 체크인 시간과 맞아떨어진다.

시간적 여유가 있고 유럽에 가 본 경험이 없다면 로마에서 1박을 하고 테헤란으로 들어가는 방법을 추천하고 싶다. 로마까지 국적기를 타고 간 후 로마 시내에서 1박을 하고 다음 날 일찍 일어나 체크아웃을 한 뒤 짐은 호텔에 맡겨 두고 로마 시내를 둘러보면 된다.

호텔로 돌아와 짐을 찾은 후 로마 피우미치노 공항으로 가 오후 5시 30분 비행기를 타면 새벽 1시경 테헤란 공항에 도착한다. 이 경우 호텔 도착 시간은 새벽 3시 안팎이 되기 때문에 미리 현지인이나 에이전트를 통해 방을 확보해 둬야 한다. 이란 공항에서 주요 호텔이 있는 장소까지는 택시로 40분~1시간 정도 걸리며 요금은 한화로 3~4만 원 정도 나온다.

테헤란 시내 호텔 탐방기

테헤란은 오랜 기간 미국, 유럽 등 서방으로부터 경제제재를 받아 전반적인 인프라스트럭처가 열악하다. 대중교통과 통신망이 발달하지 않아 비즈니스에 어려움을 호소하는 기업인들이 많다.

특히 이란 출장자들이 겪는 가장 큰 어려움은 호텔이다. 선진국에서 흔히 볼 수 있는 힐튼, 하얏트, 이비스 등 글로벌 호텔 체인을 테헤란에서는 찾아볼 수 없기 때문이다.

글로벌 호텔 체인도 없고 인터넷을 통해 한국에서 숙소를 예약하는 것도 불가능하다. 트립어드바이저나 익스피디아, 아고다 등 세계적인 호텔 예약 사이트에서는 테헤란 시내 호텔이 전혀 검색되지 않거나 검색이 되더라도 예약은 되지 않는다.

결국 테헤란 출장을 위해서는 두 가지 방법을 선택해야 한다. 초청자에게 현지에서 호텔 예약을 부탁하거나 아니면 현장에서 방을 구하는 방법이다. 공무상 출장을 간다면 코트라나 대사관에 부탁하는 방법도 있다.

테헤란 시내에서 가장 유명한 호텔은 페르시안 아자디 호텔(Parsian Azadi Hotel)이다. 23층 높이에 475개 룸을 갖추고 있는 테헤란 시내 최고급 5성 호텔로 세계 각국 정상들이 머무는 곳이다. 테헤란 시내에서 북쪽에 위치하고 있으며 수년 전 건물 전체를 리뉴얼해 시설도 좋은 편이다.

호텔 객실은 국가 정상급 손님이 머무는 프레지덴셜 스위트를 비롯해 복층 구조인 듀플렉스, 방과 거실이 분리돼 있는 로열 스위트와 주니어 스위트 등 고급 룸과 스탠더드(더블 또는 트윈)로 구성된다.

아자디 호텔 일반 룸 가격은 1박에 약 140달러다. 주니어 스위트는 240달러, 로열 스위트는 420달러다. 복층 구조인 듀플렉스는 480달러, 단 두 실뿐인 프레지덴셜 스위트는 850달러다. 환율에 따라 달러 결제 금액은 바뀔 수 있다. 모두 조식 포함 가격이다. 현지 여행사나 에이전트를 통하면 수수료 명목으로 10~20달러를 더 내야 한다.

호텔은 달러나 리알(이란 화폐)로만 결제할 수 있다. 비자, 마스터 등 신용카드 결제가 불가능하다. 이란 국내 은행이 발급하는 직불카드 사용은 가능하지만 외국인들의 경우 현금을 낼 수밖에 없다.

현금 결제만 가능하다 보니 테헤란 시내 어느 호텔에서나 체크인 때 여권 원본을 요구한다. 숙박 기간 동안 여권을 호텔에 맡겨야 하는 것

페르시안 아자디 호텔과
주변 전경

페르시안 아자디 호텔 로비에 설치돼 있는
LG전자의 UHD TV

이다. 일종의 디포짓(deposit) 개념이다. 카드 디포짓이 안 되기 때문에 호텔에서 여권을 갖고 있다가 체크아웃 때 돌려준다. 따라서 여권 원본을 맡길 때 반드시 복사본 1~2부를 달라고 하는 게 좋다. 테헤란 시내 환전소에서 달러를 리알로 바꾸거나 리알을 달러로 바꿀 때 여권 원본이나 사본을 요구하기 때문이다.

아자디 호텔 모든 객실과 로비에는 LG전자 LED TV가 설치돼 있다. 특히 호텔 로비에는 국내에서도 보기 힘든 초대형 84인치 UHD LED TV가 설치돼 있어 이란을 방문하는 전 세계 사람들의 눈길을 사로잡는다. LG전자는 2016년 2월 매경이란포럼에 앞서 이 호텔 로비에

98인치 UHD TV를 한 대 더 설치했다.

아자디 호텔 바로 옆에는 4성급 페르시안 에빈 호텔(Parsian Evin Hotel)이 자리 잡고 있다. 두 호텔은 모두 국영 호텔로 이란에서 호텔 이름 앞에 '페르시안(Parsian)'이 붙으면 이란 정부나 공공 기관이 운영하는 호텔이다.

에빈 호텔은 아자디 호텔에 비해 시설이 떨어진다. 가격도 아자디 호텔에 비해 다소 낮은 편이다. 하지만 이 호텔 조식은 아자디 호텔보다 좋다는 평가를 받는다. 아자디 호텔보다 덜 붐비는 것도 장점이다. 호텔에 테헤란에서 가장 유명한 중국 음식점인 '히어로(HERO)'가 붙어 있는 것도 이 호텔만의 자랑거리다.

아자디 호텔과 에빈 호텔에서 차로 10분(막히지 않을 때) 거리에 있는 페르시안 에스테그랄 호텔(Parsian Esteghlal Hotel)도 5성급으로 테헤란을 찾는 비즈니스맨들과 정부 사절단이 즐겨 찾는 곳이다. 아자디 호텔은 주변에 음식점 등 편의 시설이 없지만 에스테그랄 호텔 주변에는 다양한 핫플레이스가 있다. 다만 에스테그랄 호텔 주변이 테헤란에서도 교통 체증이 가장 심한 곳 중 하나라는 것은 명심해야 한다.

에스테그랄 호텔은 동관과 서관 두 동으로 구분된다. 동관은 비교적 최근 리모델링을 끝내 시설이 좋지만 서관은 그렇지 못하다. 따라서 출장자들은 반드시 동관으로 방을 잡는 게 좋다. 시설 차이 때문에 동관이 서관보다 보통 20달러씩 비싸다. 에스테그랄 호텔 싱글룸 1박 가격은 120달러 선이다.

테헤란 시내 한복판에 있는 에스피나스 호텔(Espinas Persian Gulf Hotel)도 5성급 최고급 시설을 갖추고 있다. 이 호텔은 주변에 이란 정부 부처와 관공서가 밀집해 있어 특히 외교 사절단과 외국 정부 부처 장차관들이 머문다. 2015년 8월 당시 국토교통부 장관이었던 유일호 경제부총리도 이 호텔에 머물렀고 같은 해 11월 테헤란을 방문했던 윤병세 외교부 장관도 이 호텔에 묵었다.

테헤란 시내 주요 호텔

호텔	등급	정보(위치, 연락처, 홈페이지)	가격
아자디 호텔 Parsian Azadi Hotel	5성	Yadegar-e-Emam Intersection, Chamran Highway, Tehran, Iran +98-21-29112 http://www.azaditeheran.pih.ir	약 140달러
에빈 호텔 Parsian Evin Hotel	4성	Yadegar-e-Emam Intersection, Chamran Highway, Tehran, Iran +98-21-2234-4330 http://evin.pih.ir	약 130달러
에스테그랄 호텔 Parsian Esteghlal Hotel	5성	Crossroad of chamran and valiasr, Tehran, Iran +98-21-2266-0011 www.esteghlalhotel.com	약 155달러
에스피나스 호텔 Espinas Persian Gulf Hotel	5성	No.126, Blvd.Keshavarz, Sq.Valiasr, Tehran, Iran +98-21-83844 http://persiangulf.espinashotels.com/en	약 250달러
마한 호텔 Mahan Hotel	–	No.75, 18St Yousef Abad, Asad Abadi St, Tehran, Iran +98-912-545-8109 http://www.helloiran.co.kr	약 140달러

※ 요금은 싱글룸(더블베드) 기준, 환율은 1달러=3만 5,000리알
※ 에스테그랄 호텔은 동관 기준
※ 마한 호텔은 한인 게스트하우스임

호텔 방을 구하지 못했거나 음식이 입맛에 맞지 않을 경우 한인 민박 집에 머무는 것도 방법이다. 한인 민박으로는 마한 호텔(Mahan Hotel)이 가장 유명하다. 택시를 타면 다소 찾기 힘들다는 단점이 있지만 아침저 녁으로 한식을 제공하고 와이파이가 잘 연결된다는 점이 매력적이다. 1 인실 더블룸 가격은 1박당 140달러 선이다.

술과 돼지고기는 절대 안 된다

이란 장기 여행객과 출장자들이 겪는 고통 중 하나가 바로 음식이 다. 김, 참치, 고추장, 라면, 김치, 즉석밥 등을 충분히 가져왔다면 문제 될 게 없겠지만 그렇지 않다면 매 끼니 식사 문제는 큰 난관이다. 한국 에서는 시골에서도 편의점이나 빵집을 금방 찾을 수 있지만 인구 1,500 만 명인 테헤란에서는 좀처럼 찾기 어렵다. 굶지 않으려면 이란 현지식 에 빨리 적응하는 게 좋다.

일단 테헤란 방문객들은 대부분 호텔에 묵게 된다. 아자디 호텔, 에 빈 호텔, 에스테그랄 호텔 등 테헤란 시내 대부분 호텔은 숙박료에 조 식이 포함돼 있다. 마한 호텔, 사라 코리아 게스트하우스 등 한인 숙박 시설에서는 조식 외에 석식도 제공한다.

호텔 조식은 뷔페로 제공된다. 거창하거나 종류가 그렇게 많지는 않 지만 가벼운 아침 식사용으로는 부족함이 없다. 특히 토마토, 오이, 바

나나, 사과, 석류, 오렌지 등 각종 채소와 과일이 충분히 제공되는 것이 이란 호텔 조식의 특징이다.

점심과 저녁은 이제 스스로 해결해야 한다. 맥도날드나 버거킹, 스타벅스 등 글로벌 푸드 체인도 찾을 수 없기 때문에 배가 고프면 현지 음식을 먹을 수밖에 없다.

이란 현지 식당에서는 대부분 케밥을 판매한다. 케밥은 양고기나 소고기를 양파즙으로 양념한 후 숯불에 구운 이란 전통 음식이다. 구운 토마토, 양파, 감자 등을 곁들여 먹는다. 케밥과 함께 나오는 첼로는 쌀밥이지만 우리가 먹는 쌀과 달리 풀풀 날린다. 고시히카리를 쓰는 우리와 달리 안남미를 쓰기 때문이다.

이란인들은 첼로를 그냥 먹지 않는다. 첼로 케밥을 주문하면 항상 인스턴트 버터가 제공된다. 그리고 버터를 뜯어서 첼로에 비벼 먹는다.

케밥은 주로 양고기로 조리한다. 이란인들은 양고기 요리를 즐겨 먹는다. 사우디아라비아처럼 낙타고기를 즐겨 먹는 이란인은 거의 없다. 케밥은 소고기나 닭고기로도 만들어진다. 양고기를 못 먹는다면 소고기나 닭고기 케밥을 먹으면 된다.

양고기, 소고기, 닭고기는 케밥 외에도 스테이크 등 다양한 요리에 사용되지만 이란 음식점에서 돼지고기는 찾아볼 수 없다. 사우디와 종파는 다르지만 이란도 이슬람교를 국교로 믿고 있기 때문에 돼지고기는 팔지도 먹지도 않는다.

이란 음식점에는 돼지고기만 없는 게 아니다. 술도 팔지 않는다. 이슬람교 율법에서 술을 금기시하기 때문이다. 따라서 이란 모든 식당에서는 술을 팔지 않는다. 술 대신 이란인들은 콜라나 사이다, 탄산수를 즐겨 마신다. 미국 경제제재를 오래 받았지만 미국을 상징하는 코카콜라와 펩시콜라를 이란인들이 즐겨 마신다는 것은 아이러니다.

이란 현지 음식점 중 테헤란에서 외국인들에게 가장 인기 있는 곳은 'SPU'라는 곳이다. 아자디 호텔에서 북쪽으로 차를 타고 20분가량 올라가면 서울 우이동 계곡에서나 볼 수 있는 음식점이 나온다. 수십 명이 동시에 들어갈 수 있는 넓은 홀을 갖추고 있으며 10여 명이 오손도손 모여 앉아서 먹을 수 있는 별도 공간도 갖추고 있다. 양고기 케밥이 특히 맛있고 식전에 나오는 샐러드는 신선하고 양이 푸짐한 것이 특징이다.

이란 음식만 먹다가 질릴 경우 한식은 물론 중식과 일식, 아시안 푸드 등을 찾을 수밖에 없다. 한식은 '코리안 나이트'나 '마한 호텔'에서 먹을 수 있다. 김치찌개, 라면, 생선구이, 파전 등 한국에서 먹던 음식을 이곳에서 맛볼 수 있다.

중식당은 에빈 호텔 로비 층에 있는 '히어로(HERO)'가 유명하다. 홀과 룸 두 개를 갖추고 있으며 정통 중국요리를 맛볼 수 있다. 한국에서 먹는 짜장면, 짬뽕은 없지만 전체적으로 음식이 우리 입맛에 맞아 한국인들이 즐겨 찾는다.

에스테그랄 호텔 근처 삼센터(Sam Center) 꼭대기 층에 있는 퓨전 중식당 '파크웨이(Parkway)'도 찾는 사람이 많다. 식당은 캐주얼한 분위기이며

테헤란 시내 주요 식당

종류	식당명	주소	특징
이란식	SPU	Darakeh Square, Tehran, Iran	• 아자디 호텔 북쪽으로 차량 20분 거리 • 대규모 인원 수용 가능 • 정자같은 별도 공간 있음(좌식)
	Aali Ghapou	55 Ghandi street, Vanak Square, Tehran, Iran	• 음식값에 샐러드바 이용 금액 포함 • 터키와 이란 전통 공연 감상하며 식사
한식	코리안 나이트	District 2, Sa'adat, Majd St, Tehran, Iran	• 현지 교민과 주재원들이 즐겨 찾는 한식(분식)집 • K-pop을 들려줘 이란 젊은 층도 선호
	마한 호텔	No.75, 18St Yousef Abad, Asad Abadi St, Tehran, Iran	• 한인 게스트하우스로 2층에 한식점 있음 • 지상사 주재원들이 오찬 겸 회의 장소로 자주 이용
중식	HERO	에빈 호텔 로비 층 (정문 들어가서 좌측)	• 홀 외에 별도 룸 2개 보유 (최대 8인, 12인) • 정통 중국요리로 한국인 입맛에 잘 맞음
	Parkway	Sam Center, Fayazi Blvd, Akhgar Str., Bahar St, 8th Floor, Tehran, Iran	• 퓨전 중식 • 캐주얼한 분위기에 음식 맛도 일품 • 식후 디저트로 나오는 티라미수도 인기
일식	KENZO	No.30, Khodami St, Tehran, Iran	• 회는 냉동 참치회와 연어회가 전부 • 주력 메뉴는 캘리포니아롤 • 조명이 어두움
아시안	Monsoon Lounge	No.2 Goldan St, Afriqa Blvd, Tehran 19668, Iran	• 일본, 태국, 중국 등 아시안 푸드 • 한국 비빔밥 메뉴도 있음 • 캐주얼한 분위기로 젊은 층에 인기
양식	BICE	아자디 호텔 로비 층 (정문 들어가서 좌측)	• 테헤란에서 가장 고급스러운 이탈리안 레스토랑 • 1층과 2층으로 구분되며 총 140명 수용 가능 • 음식 맛이 좋고 양도 많은 편

소스나 양념 맛이 우리 입맛에 잘 맞다.

일식은 '켄조(KENZO)'가 가장 인기 있다. 냉동 참치회와 연어회가 제공되며 캘리포니아롤이 특히 인기 있다. 식당 전체적인 분위기는 조용하고 조명이 다소 어두운 것이 특징이다.

양식은 아자디 호텔 로비 층에 있는 '비체(BICE)'가 단연 최고다. 비체는 1층과 2층으로 구분되며 총 140석 규모의 이탈리안 레스토랑이다. 소고기와 연어스테이크가 인기 메뉴이며 맛과 양 모두 뛰어나다는 평가다.

느려도 너무 느린 이란의 인터넷

사실 유·무선 인터넷이 우리나라만큼 빠른 나라는 많지 않다. 우리는 너무 빠른 인터넷 환경에 익숙해 유럽이나 동남아시아 등 인터넷 속도가 느린 지역에 갈 경우 큰 불편함을 느낀다. 손에 든 휴대전화가 인터넷에 연결되지 않거나 연결이 느리면 여행지나 출장지에서 손발이 묶이는 경우도 많다.

이란의 통신 환경은 그 어떤 나라보다 열악하다. 테헤란은 그나마 낫지만 지방으로 내려가면 일단 휴대전화 무선 인터넷 사용은 거의 불가능하다고 보면 된다. 서방 경제제재가 오랜 기간 지속되다 보니 각종 인프라스트럭처가 빠른 속도로 진보하는 세계적인 트렌드를 쫓아가지 못하는 상황이다.

테헤란을 방문하는 경우 출국 전 통신사에 데이터 정액 요금제를 신청하고 가면 편리하다. 통신사에 따라 다르지만 하루 1만 원 정도 지불하면 테헤란 현지에서 3G 인터넷을 충분히 사용할 수 있다. 물론 전화 요금은 로밍 요금 체계에 따라 별도로 부과된다.

이란 로밍 서비스는 2015년까지만 해도 없었다. SKT가 2016년 초 이란 로밍 서비스를 시작했고 뒤이어 KT가 로밍 서비스를 시작했다. 경제제재 해제로 이란 방문객이 지속적으로 늘면서 로밍 수요도 덩달아 크게 늘었기 때문이다.

국내에서 데이터 및 전화 로밍 서비스를 신청하면 보통의 경우 해외 현지에 도착해서 폰을 켜면 무리 없이 인터넷과 전화를 사용할 수 있다. 물론 국내에 보편화된 4G보다는 느리지만 3G 인터넷에 연결하면 지도 찾기, 포털 검색, SNS 등 웬만한 어플리케이션은 작동한다. 간혹 3G 연결이 안 되는 경우도 있지만 적어도 호텔 안에서는 무선 인터넷을 자유롭게 사용할 수 있는 경우가 많다. 물론 호텔에 따라서는 인터넷 요금을 받기도 한다.

하지만 이란에서는 이런 기대를 할 수 없다. 우선 호텔에서는 체크인 때 무선 인터넷 비밀번호를 알려 주지만 막상 접속하면 수시로 끊어진다. 아자디 호텔, 에빈 호텔, 에스테그랄 호텔 등 대부분 호텔 상황이 비슷하다. 그렇다고 호텔 안에서 데이터 로밍 서비스가 원활하게 되는 것도 아니다.

테헤란 시내를 돌아다닐 경우 상황은 더 심각하다. 스타벅스 같은 카페나 패스트푸드점이 없어 무선 인터넷을 사용하는 것은 거의 불가능하다. 데이터 로밍 서비스에 가입하고 왔더라도 시내 곳곳에서는 3G 연결이 원활하지 않다. 돌아다니면서 인터넷에 접속해 길을 찾는 것은 거의 불가능한 일이다.

따라서 무선 인터넷 접속이 그나마 잘 되는 호텔에서 이동할 곳 주소, 연락처 등 기본 정보를 미리 확보하는 게 좋다. 택시를 타고 이동할 경우 택시 기사가 영어를 못하는 경우가 많기 때문에 이란어로 된 주소도 메모해 두는 게 좋다. 일반적으로 이란어를 모르기 때문에 주소를 핸드폰으로 촬영하거나 캡처해 두면 편리하다.

이란에서 인터넷을 사용하다 보면 종종 막힌 사이트가 발견된다. 이란 정부에서 접속을 차단한 것이다. 마치 중국 정부가 페이스북 등 많은 사이트를 차단하고 있는 것과 같은 맥락이다. 체제 안정성을 해칠 우려가 있는 해외 사이트를 이란 정부는 차단하고 있다.

이란에서 로밍폰을 쓰는 것도 여간 불편한 게 아니다. 로밍 요금은 다른 나라와 큰 차이가 없지만 통화 품질이 아주 좋지 않다. 한국과 통화하는 경우 수시로 끊어질 정도로 전화 연결 상태가 좋지 않다. 통화 품질은 이란 현지인들과 통화하는 경우에도 썩 좋은 편은 아니다. 상대방 목소리가 기본적으로 깨끗하고 선명하게 잘 들리는 경우가 드물 정도다.

로밍된 휴대전화로 현지인 휴대전화로 전화를 걸 때에는 반드시 국가번호 98을 먼저 입력해야 한다. 일반적으로 현지인이 사용하는 휴대전화번호는 '0912-×××-××××' 형태인데 앞에 0은 떼고 '98-912-×××-××××'를 입력하면 전화가 연결된다. 현지 유선전화는 '021-××××-××××' 형태로 앞에 0을 뗀 후 '98-21-××××-××××'를 입력하면 연결된다. 한국에서 휴대전화 공기계를 가져갈 경우 현지에서 심(SIM)카드를 구매해 일정 요금을 충전하면 현지폰으로 사용할 수도 있다. 이 경우 현지인 휴대전화로 걸 경우 98을 입력하지 않고 '0921-×××-××××'를 그대로 누르면 된다. 현지 유선전화도 98을 누를 필요 없이 '021-××××-××××'를 누르면 연결된다.

이란에서 가장 인기 있는 휴대전화는 단연 애플의 아이폰이다. 이란과 미국이 오랜 기간 적대적 관계에 있었고 미국의 이란에 대한 경제제재가 완전히 풀리지 않은 상황이지만 아이폰을 쓰는 이란인들이 의외로 많다. 삼성전자 갤럭시 시리즈를 사용하는 이란인도 많다. 아이폰과 갤럭시가 이란 스마트폰 시장을 거의 양분하고 있다고 해도 과언이 아니다.

이란어 동시통역 구하기는 하늘의 별 따기

'이란에 간다'고 하면 많은 사람들이 '사막에 가냐', '아랍어 할 줄 아냐'고 묻는다. 이란이 중동에 있으니 사우디아라비아나 다른 아랍 국가와 같은 것으로 알고 있기 때문이다.

하지만 이란은 지리적으로 중동에 속하고 이슬람교를 믿지만 다른 중동 국가와 다르게 아랍 민족이 아니라 아리안족이고 아랍어를 쓰지 않고 페르시아어를 사용한다. 테헤란은 인구 1,500만 명의 대도시로 사막은 찾아볼 수 없다.

페르시아어는 이란을 비롯해 인근 아프가니스탄, 타지키스탄에서도 사용하는 언어로 셈어족에 속하는 아랍어와 달리 인도유럽어족에 속한다. 아랍어와 비슷하게 생겼지만 아랍인들은 이란어를 모르고 이란인들도 아랍어를 모른다. 비슷한 알파벳을 쓰지만 독일 사람이 영어를 모르고 미국인이 프랑스어를 모르는 것과 비슷한 구조다.

문제는 이란에 대한 경제제재 이후 이란과 교역이 급감하면서 국내는 물론 이란 현지에서조차 이란어 통역을 구하기가 아주 어렵다는 점이다. 이란인들이 영어를 잘하면 모르겠지만 일반 국민은 거의 영어를 못하고 공무원과 공공 기관 직원들은 어느 정도 하지만 공식 미팅이나 계약서 작성은 모두 이란어로 이뤄진다. 이란어 통역은 이란비즈니스에서 필수 요소다.

우선 이란비즈니스를 위해 통역이 필요한 경우 주이란 한국 대사관이나 코트라 테헤란 무역관에 도움을 청할 수 있다. 대사관과 코트라는 한국어-이란어 통역이 가능한 교민과 유학생 풀을 가지고 있다. 한국어를 할 줄 아는 이란인도 있다.

하지만 통역이 가능한 교민과 유학생 등은 다 해 봐야 열 명 안팎이고 그마저도 동시통역은 불가능하다. 대부분 생업을 하면서 아르바이트로 통역을 하기 때문에 전문적인 동시통역 교육을 받은 적이 없어 순차통역만 가능하다고 보면 된다. 큰 국제회의나 콘퍼런스를 이란에서 개최하기 위해서는 동시통역이 불가능하거나 아주 제한적이라는 점을 명심해야 한다.

순차통역이 가능하지만 통역의 질은 높지 않다. 기대 수준을 낮춰야 한다. 통역을 전문적으로 하거나 이란어를 전공한 사람들이 아니기 때문에 생활 이란어는 무리 없이 쓰지만 전문적인 내용이 나올 경우 통역이 어려울 수 있다. 따라서 통역을 맡은 교민이나 학생에게 미리 어떤 내용을 다루게 될지 알려 주는 게 좋다. 사전에 정보를 줄 경우 통역의 질은 자연스레 올라간다.

테헤란 현지에서 통역을 조달하지 못할 경우 국내에서 공수하는 방법도 있다. 이 경우 한국외대 이란어과에 문의하는 게 빠르다. 국내 대학 중 이란어과가 설치된 곳은 한국외대가 유일하다.

영국, 이탈리아 등 비교적 이란과 교류가 활발한 나라에서 한국인이면서 이란어를 구사할 수 있는 인력을 찾는 것도 방법이다. 2016년 2월 남경필 경기도지사는 이란 방문 때 이란 이스파한대학교에서 오래 공부한 후 영국에서 이란 관련 연구를 하고 있는 한국인 전문가를 이란까지 모셔 와 현지 사정에 대해 자문을 구하고 통역까지 맡겼다.

한국어-이란어 통역을 구하지 못했다면 남은 방법은 영어-이란어 통역을 구하는 것이다. 경제제재로 외부 교류가 적었다고 하지만 영어를 잘하는 이란인은 의외로 많다. 따라서 영어-이란어 통역은 아자디 호텔, 에스피나스 호텔 등에 말하면 어렵지 않게 구할 수 있다. 다만 호텔을 통해 영어-이란어 통역을 구할 경우 한국어-이란어 통역보다 비용이 다소 비싸다는 점은 미리 고려해야 한다.

이란은 아라비아숫자를 쓴다? 안 쓴다?

우리가 쓰는 '1, 2, 3, 4, 5, 6, 7, 8, 9, 10' 숫자는 학문적으로 '인도-아라비아숫자(Hindu-Arabic numerals)'라고 하고 보통 아라비아숫자라고 부른다. 인도에서 기원했고 아라비아를 거쳐 유럽과 전 세계로 전파됐기 때문이다. 그래서 많은 사람들은 아라비아 반도를 중동과 동일시하고 이란도 중동 국가이기 때문에 아라비아숫자를 쓸 것이라 믿어 의심치 않는다.

사실 아라비아숫자는 전 세계 어디를 가도 못 쓰는 사람이 없고 안 쓰는 나라가 드물 정도로 보편화돼 있다. 아라비아숫자를 영어로 읽고 말하는 것도 웬만한 곳에서는 다 통한다. 그래서 여행을 하거나 출장을 갈 때 숫자를 읽고 쓰는 것을 고민해 본 사람은 많지 않을 것이다.

하지만 이 같은 상식은 이란에 들어가는 순간 와르르 무너진다. 우리가 알던 숫자는 사라지고 전혀 알아볼 수 없는 기호들이 숫자를 대신하고 있기 때문이다. 게다가 숫자가 이란어(페르시아어) 중간중간에 나올

아라비아숫자	이란숫자	이란숫자 읽는 법
0	٠	ṣifr ("sefr")
1	١	yik ("yek")
2	٢	du ("doh")
3	٣	sah ("se")
4	۴	chiḥār ("che-haar")
5	۵	panj
6	۶	shish ("shesh")
7	٧	haft
8	٨	hasht
9	٩	nau ("nou")
10	١٠	dah

경우 그야말로 '멘붕'에 빠지게 된다.

우선 숫자 0을 보자. 보통 0이라고 쓰지만 이란에서는 그냥 점(٠)을 하나 찍을 뿐이다. 이게 0을 의미한다. 숫자 1은 '١'이라고 쓴다. 비교적 비슷한 모양이다. 2는 '٢'라고 쓴다. 2를 오른쪽으로 90도 돌린 모양과 같다. 3은 '٣'로 쓴다. 2와 헷갈리기 쉬운 모양이다. 4는 '۴'라고 쓴다. 5는 하트를 180도 돌린 모양(۵)이다. 이란숫자 중 가장 흥미로운 모양이다.

6자와 9자는 이란숫자에서도 구분하기가 가장 어렵다. 이란에서는 6

을 '۶'로 쓰고 9는 'ٹ'라고 쓴다. 흘려쓰거나 대충 쓸 경우 구분이 쉽지 않다. 자세히 보면 6은 윗부분이 벌어져 있지만 9는 막혀 있다. 9는 이란숫자 중 아라비아숫자와 가장 비슷한 모양이다.

7과 8도 이란숫자를 볼 때 항상 헷갈린다. 7은 영어 알파벳 V와 비슷한 모양으로 'Y'라고 쓴다. 반면 8은 V를 180도 돌린 모양으로 'ٸ'라고 쓴다. 10은 1과 0을 합쳐서 'ٹ٠'로 표기한다. 10부터는 0~9 숫자를 합쳐서 쓰면 된다.

아라비아숫자가 그래도 대충 통하지 않을까 생각할 수도 있다. 하지만 적어도 이란에서 호텔 외에 다른 곳에 가서 물건을 사거나 음식을 먹기 위해서는 이란숫자를 모르면 곤란함을 겪을 수밖에 없다. 보통 이란 사람들은 아라비아숫자를 모르거나 아라비아숫자를 대충 알고 있기 때문이다.

숫자를 모르면 생활 곳곳에서 불편함을 겪게 된다. 이란에서는 차량 번호판도 전부 이란숫자로 표기돼 있다. 차량 번호판에 큼지막하게 이란숫자가 써 있어도 외국인들은 그 숫자를 이해하는 데 꽤 오랜 시간이 걸린다.

전화번호도 이란숫자로 쓴다. 이란인 명함에도 전화번호는 이란숫자로 된 경우가 많고 이란인 친구에게 전화번호를 써 달라고 해도 대개 이란숫자로 써 준다. 이란숫자를 모르면 전화조차 제대로 걸 수 없을지도 모른다.

리알 환전은 이맘 호메이니 공항에서

이란 여행객과 출장자들은 가장 먼저 환전에 어려움을 겪게 된다. 이란 화폐인 리알(IRR)은 거의 모든 나라 화폐를 교환할 수 있는 외환은행 본점에서도 구할 수 없다. 반대로 여행이나 출장 후 남는 리알을 국내에서 원화로 바꿀 방법도 없다. 따라서 이란에서 나오기 전 남은 리알은 전부 달러나 유로화로 바꿔 나와야 한다. 물론 이란을 자주 왔다 갔다 하는 경우라면 그럴 필요가 없다.

이란 화폐를 환전하기 위해서는 일단 이란으로 들어가야 한다. 달러나 유로화를 들고 들어가 이란에서 현지 화폐로 교환해야 하는 것이다. 달러는 호텔이나 일부 고급 식당, 고급 택시 등에서 통용되기 때문에 달러는 가지고 가는 게 좋다.

달러를 들고 들어갈 때 금액 제한은 따로 없다. 1인당 1만 달러 안으로 휴대할 경우 제재하지 않는다. 5,000달러, 7,000달러 얘기도 있지만 1만 달러까지는 별다른 제한 조치가 없는 것으로 알려져 있다.

달러를 쓸 수 있지만 달러만 쓸 수는 없다. 이란 화폐로 환전을 해야 한다. 특히 이란에서는 신용카드를 사용할 수 없기 때문에 가능한 한 현금 환전을 많이 해야 한다. 현금 휴대와 현금 결제에 따른 불편함은 이란 방문객들이 겪는 가장 큰 불편함 중 하나다.

환전은 이맘 호메이니 공항 입국장을 나오면 바로 2층에 위치한 환전소에서 하는 것이 가장 편리하고 유리하다. 편리한 것은 누구나 알

수 있지만 유리한 것은 무엇일까. 참고로 우리나라 인천국제공항에서 환전할 경우 환율 우대가 전혀 없어 서울 시내에서 환전할 때보다 불리하다.

공항 환전이 유리한 이유는 공항 환율이 다른 곳보다 유리하기 때문이다. 일반적인 환율 우대 개념과는 다르다. 이란의 이중환율 체계에 대한 이해가 필요한 대목이다.

이란은 정부 공식 환율과 시장 환율이 다르다. 정부 공식 환율은 1달러에 3만 리알이다. 하지만 민간에서는 1달러를 3만 5,000리알로 취급한다. 환율에 따라 변동은 있지만 최근 시장 환율은 3만 4,000~3만 6,000리알이다. 달러당 5,000리알 차이가 나는 셈이다.

시장 환율을 모르고 정부 공식 환율만 알고 있다면 각종 거래에서 큰 손실을 입게 된다.

다시 호메이니 공항 환전소로 가 보자. 공항 환전소는 공식 환율보다 시장 환율에 가깝게 환율을 적용해 준다. 즉 1달러를 3만 리알이 아니라 3만 4,000~6,000리알로 바꿔 주는 것이다. 이란 체류 기간이 길어 택시나 식당에 갈 일이 많다면 달러를 충분히 바꿔 두는 게 좋다. 현지에서 달러를 낼 경우 식당이나 택시에서는 3만 리알을 적용하는 경우가 대부분이기 때문이다.

하지만 공항 환전소는 한 번에 충분히 환전해 주지 않는다. 정확한 제한 금액은 정해진 게 없다. 때에 따라 다르다. 보통 500달러까지 바꿔 주는 경우가 많다. 가끔 1인당 1회 300달러로 제한하는 경우도 있다.

이란은 불확실성이 많은 나라다.

　공항 환전소 외에도 시내 환전소를 이용할 수 있지만 쉽게 눈에 띄지 않는다. 비즈니스가 가장 활발한 아자디 호텔의 경우 환전소가 없지만 10분 거리인 에스테그랄 호텔 로비에는 환전소가 있다. 급할 경우 이 호텔 환전소에 가서 환전할 수 있다. 환전을 하려면 여권 원본이나 사본이 필요하다. 호텔 환율도 공식 환율보다는 좋지만 공항 환율에는 미치지 못한다.

　이란에서 모든 거래에 다 현지 화폐가 필요한 것은 아니다. 특히 대부분 호텔에서는 호텔 숙박료를 달러로 결제할 수 있다. 달러로 결제할 때 환율도 크게 걱정할 필요가 없다. 아자디 호텔, 에빈 호텔, 에스테그랄 호텔 등 대부분 호텔은 시장 환율을 적용해 준다.

　예를 들어 아자디 호텔 1박 요금이 350만 리알이라면 '1달러=3만 5,000리알'을 적용해 100달러를 지불하면 된다. 만약 '1달러=3만 리알'을 적용하면 116달러를 방값으로 지불해야 한다. 따라서 호텔 숙박료는 굳이 리알로 환전할 필요가 없다.

셀프 리디노미네이션의 나라 이란

　최근 경제 규모가 커지면서 우리나라에서도 리디노미네이션(redenomi- nation) 논의가 활발하다. 화폐가치는 그대로 유지하면서 화폐단위를 바꾸는 리디노미네이션은 실물거래나 장부 기장상의 불편함을 줄여 주고 외국인들이 한국에 왔을 때 0이 너무 많아 겪는 혼란스러움을 줄여주는 장점이 있다. 일종의 화폐개혁으로 지하경제 양성화에도 도움이 된다.

실제로 우리 사회 곳곳에서 리디노미네이션 현상은 자주 목격된다. 레스토랑에서 음식 가격에 0을 떼고 표기하는 경우가 많다. 스테이크 1인분이 4만 5,000원인 경우 4.5로 표시하는 것이다. 알아보기 쉽고 상대적으로 가격이 싸 보이는 효과가 있다. 우리나라는 지난 1953년에 100원을 1환으로, 1962년에 10환을 1원으로 변경하는 리디노미네이션을 실시했다.

이란은 화폐단위가 우리보다 더 복잡하다. 이란의 공식 화폐단위는 리알(rial)로 공식 환율은 1US달러에 3만 리알이다. 10달러짜리 음식을 먹을 경우 30만 리알을 지불해야 한다. 특히 13달러처럼 뒷자리가 5나 0이 아닌 경우 외국인들은 계산에 큰 불편함을 호소한다. 350달러처럼 거래 금액이 큰 경우도 마찬가지다. 무려 1,050만 리알이나 된다.

0이 너무 많아서 발생하는 불편함과 혼란은 이란 사람들이라고 예외는 아니다. 뒤에 0이 너무 많이 붙다 보니 거의 모든 이란인들은 상거래나 계약관계에서 0을 하나 생략한 새로운 화폐단위를 사용하고 있다. 그것이 바로 토먼(toman)이다. 10리알은 1토먼이다. 우리나라도 0을 생략하는 경우가 늘고 있지만 이란은 0을 하나 생략한 새로운 화폐단위를 만들었다는 점에서 차이가 있다. 다만 토먼은 이란 정부가 공식적으로 인정한 화폐단위도 아니고 토먼으로 표기된 화폐도 없다. 민간에서 자발적으로 시행하고 있는 '셀프 리디노미네이션'인 셈이다.

리알과 토먼이 혼용되다 보니 잠깐 다녀가는 여행객이나 출장자들은 오히려 더 혼란스럽다는 반응이다. 더구나 호텔을 제외한 일반 식당이나 택시에서는 영어도 거의 통하지 않기 때문에 자칫 잘못하면 리알과 토먼이 헷갈려 요금을 10배 더 지불하는 경우가 발생할 수도 있다.

식당에서 50달러 정도 먹었다고 가정한다면 직원은 세금까지 붙여서 '170만 리알'이라고 말하기도 하지만 '17만 토먼'이라고 말할 수도 있다. 또는 '원 헌드레드 세븐티(one hundred seventy)'라고 단위를 떼고 말하기도 한다.

리알과 토먼에 대한 사전 정보가 없다면 당황할 수 있다. 더구나 이란 물가까지 제대로 모를 경우 여행객이나 출장자는 패닉에 빠지게 된다. 아무리 생각해도 17만 리알은 아닐 거라 생각하고 170만 리알을 지불하면 다행이지만 1,700만 리알을 지불하는 불상사도 발생할 수 있다. 물가에 대한 정보가 부족하고 순간 당황해 계산을 제대로 못 해 음식값을 10배 더 지불하는 순간이다.

따라서 식당에 갈 경우 메뉴판을 보고 먼저 직원에게 메뉴판에 적힌 금액 단위를 확인해야 한다. 그래야 터무니없이 비싼 가게를 피할 수 있고 음식을 먹고 난 뒤 계산 때 당황하지 않을 수 있다.

택시를 탄 경우에도 마찬가지다. 보통 테헤란 시내에서 택시를 타고 20~30분 이동할 경우 요금은 20만~30만 리알 정도다. 미터기가 따로 없어 탑승 전 운전기사와 요금에 대해 협상을 하고 탑승하는 게 중요하다. 이때 예를 들어 아자디 호텔에서 코트라 무역관까지 20만 리알이라고 한다면 기사는 '트웬티 사우즌드(twenty thousand)'라고 부를 것이다. '트웬티(20)'라고 부르지만 이것은 2만 토먼을 가리키고 이는 곧 20만 리알과 같은 뜻이다.

이란은 아랍이 아니지 말입니다

'이란이 중동의 맹주로 부상하고 있다.'

이란을 치켜세우는 표현으로 여겨지지만 사실은 반대다. 이런 표현은 마치 '한국이 중화문화권에서 강국으로 발전했다'라고 말하는 것과 유사하다. 이란이 지리적으로 중동에 속해 있는 것은 사실이다. 그러나 이란을 중동의 일부라고 전제하고 접근하는 것은 페르시아인들에게 거부감을 줄 수 있다.

서정민 한국외대 교수는 이란은 종교적으로는 이슬람, 지역적으로는 중동에 속하기는 하지만 민족적, 언어적으로는 아랍이 아니라며 이란 사람들에게 아랍인이라고 부르는 것은 큰 실례라고 말했다.

이란은 중동 사람들과 민족적 뿌리가 다르고 고유의 언어, 문자를 갖고 있다. 심지어 숫자도 아랍과 다른 별도의 숫자를 사용한다. 이슬람 달력과 다른 별도의 이란 달력이 있다는 점은 이들이 얼마나 민족적

자부심을 갖고 있는지를 이해할 수 있는 대목이다. 달력이 다르다 보니 '노루즈'라는 별도의 신년 연휴가 있다. 이란을 이해하려면 우선 페르시아인들의 최대 명절인 노루즈를 알아야 한다.

노루즈는 페르시아 문화권의 신년 축제다. 약 2주간 모든 활동이 중단된다. 서양 달력으로는 통상 3월 중하순에 이란 달력으로 신년이 된다. 곽새라 한국외대 교수는 "2010년 UN은 노루즈를 페르시아에 뿌리를 두고 3,000년 이상 전해 내려온 국제적인 봄 기념 축제로 인정했고 유네스코의 인류무형문화유산으로 공식 등록했다"고 말했다.

이란은 아리아인(Aryan)의 후예로 여겨진다. 아랍 민족과 아랍어는 셈어 계통이지만 아리아인과 페르시아어는 인도유럽어족으로 분류된다.

종교적으로 대부분의 중동 국가들이 수니파로 분류되지만 이란은 시아파라는 점에서 큰 차이가 있다. 시아파가 퍼진 곳은 이란 외에 레바논, 이라크, 바레인 등으로 전체 이슬람의 15%에 불과하다. 이에 비해 수니파는 사우디아라비아 등 대부분의 GCC(Gulf Cooperation Council, 걸프만협력협의회) 국가들과 터키, 요르단, 팔레스타인 등에 광범위하게 퍼져 있으며 이슬람 인구의 85%인 약 13억 5,000만 명이 있다.

이란을 조금씩 이해해 가면 우리가 서구 중심의 역사에 일부 편협된 시각을 갖고 있음을 깨닫게 된다. 지난 2007년 개봉된 영화 〈300〉 역시 자칫 왜곡된 시각을 심어 줄 수 있는 측면이 있다. 이 영화에서는 고대 그리스 시대 스파르타의 왕 레오니다스와 300명의 전사들이 페르시아의 왕 크세르크세스와 그의 100만 군대가 싸운 테르모필레전투를 그렸다.

이 영화에는 기원전 고대 그리스 시대에 페르시아제국이 얼마나 강성했는지가 나타나 있지만 한편으로는 스파르타가 이들과 맞서 용맹스럽게 싸웠다는 내용이 담겨 있다. 영화는 고대 그리스가 페르시아제국에 대해 갖고 있던 열등감을 극적으로 미화한 측면이 있다. 영화 속의 이야기는 스파르타 군인 다리오스의 내레이션으로 구성된다. 서구 시각으로 본 페르시아인에 대한 생각이 은연중에 드러난 것이다.

이란 사람들은 이런 대제국을 건설했던 민족의 후예라는 강한 자부심이 있다. 이란은 중동이 아니라는 점을 생각할 때 유념해야 할 포인트다.

민감한 발언을 조심하라

미국 인권 단체 프리덤하우스의 조사 결과에 따르면 국가별 언론통제지수를 0(정부 개입이 없음)에서 100(정부 통제가 극심함)까지 점수를 매긴다면 이란은 90점이라고 한다. 이는 잔인한 내전을 겪고 있는 시리아(90점), 철저한 1인 독재국가인 투르크메니스탄(95점)과 비슷한 수준이고 남한(33점)보다는 북한(97점, 언론통제지수 1위)에 가까운 셈이다. 정부가 반체제 성향의 자국 언론과 인터넷을 검열하고 있기 때문이다. 2014년에는 라술리라는 여기자가 정부를 비판하는 기사를 썼다는 이유로 공개 태형에 처해지기도 했다.

외국인도 언론 검열의 대상에서 벗어나지 못한다. 2014년 이란 법원은 워싱턴포스트 특파원인 제이슨 리자이안에게 간첩 혐의로 징역형을 선고했다. 미국 시민권자인 리자이안은 2016년 초 미국과 이란 간에 화해 무드가 조성되자 수감자 상호 교환이라는 방식으로 겨우 풀려날 수 있었다. 앞서 언급한 한국 교민은 이렇게 말한다.

"이란 사람이 사석에서 정부 욕을 한다고 해도 대놓고 맞장구치면 큰일 납니다. 경찰이나 혁명수비대 사복 요원인 경우도 있고요, 가장 위험한 건 혁명수비대 영향력하에 있는 바시지 민병대들인데 이 친구들은 겉보기엔 그냥 평범한 대학생입니다. 주변에 반정부 발언을 하는 사람들을 밀고하고 그 대가로 보상을 받죠."

반드시 반정부나 반체제 발언이 아니더라도 아예 대화 자체를 피해야 할 주제도 있다. 우선은 종교에 관한 주제다. 이란인들 대부분은 시아파 무슬림으로 아예 국명도 '이란 이슬람 공화국(Iran Islamic Republic)'일 만큼 국가 전반적으로 종교색이 강하다. 무슬림들 앞에서 이슬람의 교리나 예언자 무함마드, 유일신인 알라에 대해 비판적인 태도를 취하는 것은 그들과 갈등을 자초하는 것과 다름없다.

현대사와 정치에 대한 이야기도 마찬가지다. 이란에 개방 개혁의 물결이 일고 있다지만 아직 사회 주류의 목소리는 보수적이고 경직돼 있다. 정부 및 보수 세력의 의견과 다른 의견은 받아들여지지 않는다. 다른 중동 국가들에 대한 이야기도 조심해야 한다. 이란은 이라크, 레바논, 시리아와 함께 중동에서 몇 안 되는 시아파 국가다. 사우디와 요르단, 아랍에미리트 등 대다수의 중동 수니파 이슬람 국가들과 자주 종교적인 이유로 충돌을 하곤 한다. 비즈니스 테이블에서 어설프게 꺼내서는 안 될 주제들이다.

넥타이 착용을 피해라

직전 이란 대통령이던 마흐무드 아흐마디네자드(Mahmoud Ahmadinejad)는 전통 의상을 즐겨 입은 전임 하타미나 후임인 로하니와 달리 항상 서양식 양복을 입고 공식 석상에 섰다.

그의 패션은 두 가지 특징으로 서방 언론들의 관심을 끌었다.

첫 번째는 양복 정장의 소매 끝이 손목을 덮을 만큼 길고 통이 넓어 마치 한복 저고리같이 보였다는 점이다. 아흐마디네자드의 신장은 160cm 중반 정도밖에 되지 않는다. 카메라에 찍힌 그의 모습은 마치 아버지 양복을 훔쳐 입은 중학생같이 보였다.

두 번째는 양복을 입을 때 넥타이를 매는 경우가 드물다는 점이다. 국가 정상들은 무늬, 색상, 크기 등을 고려해 신중하게 타이를 선택한다. 어떤 타이를 착용했느냐 하는 것이 일종의 정치적인 메시지가 되기 때문이다.

2015년 11월 중국과 타이완 정상이 싱가포르에서 회담을 가질 당시

넥타이를 착용하지 않은 이란 고위 관계자

중국의 시진핑 주석이 붉은 타이를 매고 나온 반면 타이완의 마잉주 총통은 푸른 타이를 착용했다. 각각 현대 중국과 타이완의 뿌리가 된 공산당과 국민당을 상징하는 색이었다.

이 두 가지 특징 때문에 카메라 앞에 선 아흐마디네자드 전 대통령의 모습은 우리에게도 다소 촌스럽게 비춰졌다.

통상적으로 양복을 입을 때 양복 소매의 통은 팔 둘레의 두 배를 넘지 않고, 길이의 끝은 손목뼈를 넘지 않게 재단하는 것이 관습이다.

2016년 2월 개최된 한·이란 장관급 경제공동위 언론 보도 사진을 보면 양복을 입은 이란 측 정부 고위 관계자들, 알리 타옙니아(Ali Tayebnia) 경제재정부 장관이나 하미드 치트치언(Hamid Chitchian) 에너지부 장관도 노타이에 통이 큰 양복을 입고 있다. 테헤란의 번화가 타즈리쉬 광장에 정장을 입고 지나가는 남자들도 이런 식으로 양복을 입고 있었다. 타즈리쉬 광장 지하에 있는 한 양복점에 들러 '이란식' 양복은 왜 저런 모습인지 물었다.

"이곳에서는 양복에는 오히려 노타이가 일반적입니다. 서방 패션에 익숙한 젊은 친구들은 넥타이로 개성을 드러내기도 하지만 나이 든 어른들은 이를 보고 지나치게 멋을 부렸다고 혀를 끌끌 차고요. 젊은 친구들조차도 소매가 짧고 통이 좁은 양복을 입는 경우는 없어서 보통 와이셔츠 손목 끝까지 재킷이 완벽하게 덮곤 합니다."

왜 그러냐는 질문에는 제대로 답을 해 주지 못했다. 이후 한국 대사관에서 일하는 한 이란인 직원에게서 답을 얻을 수 있었다.

"반미 감정 때문에 그래요. 1960년대까지만 해도 이란의 패션은 서방과 큰 차이가 없었어요. 그런데 이슬람혁명 이후 서양식 정장 자체를 입는 빈도도 낮아진 데다 그나마도 미국인들과 차별화를 하고 싶었던 거죠."

나이가 일흔을 넘었다는 택시 기사도 질문에 비슷한 답을 줬다.

"혁명 이후 종교 지도자 출신 고위 관계자들은 공식 석상에서 이란 전통 복장을 입지만 군인이나 관료 출신들은 그럴 수가 없으니 결국 정장을 입어요. 그런데 아무래도 이슬람혁명이 일어난 대의명분이 '서방의 불순한 사상을 몰아내자'였는데 서양식 정장을 입고 나오다 보니 국민들 간에 불만이 나왔어요. 그 이후로 서방과 차별되게 옷을 입는 것이 정착한 겁니다."

이란인들은 이탈리아 원단을 사용한 양복을 최고급으로 여긴다. 번화가에 있는 몇몇 양복집들은 '이탈리아식 양복'이라는 간판을 내걸기도 했다. 그중 한 곳에 들어가 주인에게 질문을 던졌다. 이탈리아 양복과 당신들이 파는 양복은 너무 다르지 않냐고.

"이탈리아 옷감을 사다가 우리식으로 양복을 재단합니다. 아, 보다 저렴한 양복은 이런 경우도 있어요. 이탈리아에서 정장을 수입해 온 후 통을 넓게 고치는 경우도 있지요."

그럼 외국인들도 통이 넓은 양복을 노타이로 입어야 할까?

"외국인에 대해서는 크게 신경 쓰지 않습니다. 양복 통이나 넓이에 관해서는 그러려니 넘어갑니다. 다만 타이는 조금 상황이 다릅니다. 타이를 매면 너무 서양 문화같은 느낌이에요. 포멀한 자리에 타이를 착용하고 가면 너무 멋을 낸 느낌입니다."

이란비즈니스를 위해서는 공식 석상에서 노타이로 정장을 입어라. 혁명 이전부터 이탈리아제 최고급 '제냐(Zegna)' 원단으로 부유층용 정장을 지어 왔다는 이란인 재단사가 제시해 준 모범 답안이다.

테헤란 교통 체증은 세계 최악

아자디 호텔에서 머물던 첫날 저녁 약속이 취소돼 혼자 저녁을 먹을 기회가 생겼다. 근처에 있는 전통 식당을 가 보고 싶어 호텔 카운터 직원에게 물었다.

"이 근처에서 가장 분위기가 좋은 이란식 레스토랑은 어디인가요?"

"흠, SPU 레스토랑이 좋겠네요."

"SPU 레스토랑이란 곳은 먼가요? 얼마나 걸릴까요?"

"글쎄요, 빨리 가면 15분 정도? 길게는 1시간 30분 정도 걸릴 거 같습니다."

"15분에서 30분이요?"

"아니요, 15분에서 1시간 30분이요."

이란에 도착한 첫날이었던 기자는 그 말을 이해할 수 없었다. 15분에서 1시간 30분 정도 걸린다니? '서울 사람'의 감각으로는 15분이면 광화문에서 동대문까지 갈 수 있는 시간이고 1시간 30분이면 서울에서 천안까지 내려갈 수 있는 시간이다. 교통 체증이 걸린다고 해도 그 두 배정도의 시간이 걸릴 따름이다.

의문은 곧 해결됐다. SPU 레스토랑을 갈 때는 교통 체증이 심해 1시간이 넘게 걸렸지만, 돌아오는 길에는 도로에 다른 차량이 거의 없었기에 20분도 안 돼서 호텔에 도착할 수 있었다.

서울, 베이징, 뉴욕 등 전 세계 대도시는 모두 출퇴근 시간마다 심한교통 체증이 발생하지만 그중 최악은 테헤란이다. 10분이면 갈 법한 거리도 종종 1시간 이상 걸리곤 한다. 왜 이런 현상이 발생할까?

가장 큰 요인은 테헤란의 인구다. 테헤란에 거주하고 있는 인구는1,200만 명 정도지만 실제로 테헤란에서 일자리를 잡고 있는 사람은

1,800만 명이 넘는 것으로 추정된다. 출퇴근 시간마다 약 600만 정도의 사람들이 수도 외곽의 베드타운에서 도심으로 밀려드는 셈이다.

이 중 적지 않은 인파가 대중교통보다는 자가용과 택시를 이용한다. 자가용과 택시가 훨씬 편리하기 때문이다. 테헤란에도 지하철이 있지만 노선은 5개에 역은 80여 개에 불과하다. 테헤란보다 면적이 좁고(테헤란 717㎢, 서울 605㎢) 인구도 적은 서울이 9개 노선 311개 역을 보유한 것을 고려하면 대중교통 편이 훨씬 열악한 셈이다. 지하철이 남성 칸과 여성 칸으로 분리돼 실제로 분담할 수 있는 교통객은 더 적어진다.

한국의 4분의 1 내지 5분의 1밖에 되지 않는 휘발유 값도 교통 체증을 부추긴다. 이란의 휘발유 가격은 리터당 6,000~9,000리알로 한화로 환산 시 200~300원에 불과하다. 석유 매장량 세계 4위인 자원 부국다운 저렴한 가격이다. 테헤란 주민들이 자가용을 애용하는 원인이다.

이렇다 보니 테헤란 차도는 꼬리 물기와 극심한 정체가 일상이다. 도심인 경우 10km를 이동하는 데 1시간이 걸리는 경우도 허다하다. 우리 중앙차로와 유사한 통행 시스템을 실시하고 있는 버스나 지하철을 이용한다면 그나마 시간을 단축할 수 있지만 외국어 안내 서비스가 거의 없기에 페르시아어가 능숙하지 않다면 사실상 불가능한 방법이다.

현실적으로 택시를 이용하는 외국인은 테헤란에서 이동할 때 다음 세 가지를 기억해야 한다.

첫째, 항상 약속 시간보다 한 시간 먼저 도착한다고 생각하고 움직여야 한다. 출퇴근 시간은 말할 필요도 없고 평상시에도 도로 공사와 교통사고, 교통질서 미준수 등으로 차도가 막히는 일이 흔하다. 도시 외곽의 순환도로나 간선도로도 잘 갖추어지지 않았기에 한번 차가 막히면 무작정 기다리는 것 말고는 대안이 없다. 약속 상대방에게 '늦어서 죄송합니다'를 연발하고 싶지 않다면 매우 넉넉하게 여유를 두고 출발해야 한다.

둘째, 출퇴근 시간에 약속을 잡는 일은 반드시 피해야 한다. 이란의 근무시간은 기업체마다 다르지만 통상 오전 8시부터 오후 4시까지다. 출근 시간은 오전 7시 30분경부터 10시까지고 퇴근 시간은 오후 4시부터 7시까지다. 퇴근 후에도 가족 또는 친구와 함께 외식을 하는 문화가 있기 때문에 실제로 오전 8시에서부터 10시, 오후 4시부터 9시까지는 러시아워에 해당한다.

셋째, 택시를 타는 경우 기사가 길을 정확하게 아는지 반드시 확인하고 탑승해야 한다. 테헤란 내 스마트폰 보급률은 제법 높은 편이지만, 반면 내비게이션을 설치한 택시는 10%도 안 된다. 구글맵과 같은 길 안내 프로그램을 이용하더라도 실제 도로 상황과는 차이가 나기 일쑤다. 또한 영어 명칭과 현지 명칭이 다른 경우도 있기 때문에 호텔 카운터 직원을 통해 도착지의 현지어 명칭을 알고 출발하는 편이 좋다.

테헤란의 결제 시스템은 19세기

우연한 기회에 만난 대기업 현지 주재원 한 분과 저녁을 같이 먹게 됐다.

"저는 내일모레 두바이로 떠납니다. 매달 이때쯤이면 나갑니다."

"왜요?"

"저 말고 우리 회사 주재원들 월급날이거든요."

"한국에서 이란으로 직접 송금을 할 수는 없나요?"

그는 한숨을 내쉰 후 다음과 같이 설명했다. 한국에서 이란으로 송금을 할 수 있는 방법은 많다고. 발목을 잡는 것은 이란의 현금 인출 시스템이었다. 미국의 경제 봉쇄 이후 이란 정부는 뱅크런(bank run, 은행의 신용도 하락과 지급불능을 두려워해 예금자들이 일제히 돈을 찾는 현상)을 방지하기 위해 하루에 은행에서 인출할 수 있는 돈을 크게 줄였다고 한다. 상황마다 그 출금 제한액이 다르긴 하지만 현재는 약 200만 리알, 우리 돈으로는 약 6만 원 안팎이다. 현지 주재원의 하루 임금으로도 모자란 액수다.

"아니 그럼 월급날에는 어떻게 하시나요?"

"두바이에 법인 계좌를 개설한 후 거기서 한 번에 돈을 뽑아 옵니다. 좀 규모가 큰 회사는 커다란 더플백을 메고 가서 돈을 꽉꽉 채워 오는 경우도 있고요. 현금 배달을 담당한 직원은 돈을 도둑맞을까 봐 무서워서 화장실도 못 갑니다."

기자도 입국할 때 이와 유사한 경험을 겪었다. 경제 봉쇄와 반미 정서가 맞물려 이란에서는 비자카드와 마스터카드를 포함한 외국 카드를 일절 사용할 수 없다. 현지의 큰 가게들은 카드결제기를 갖추고는 있지만 자국 은행에서 개설한 체크카드용이었다. 한마디로 외국인은 돈을 짊어지고 다니며 일일이 현금으로 결제해야 한다.

포럼을 준비하기 위해서 제법 많은 액수를 결제해야 했기에 이란포럼팀의 기자들은 결국 일인당 수백만~수천만 원에 해당하는 달러를 직접 들고 들어오는 수밖에 없었다. 대부분은 10시간이 넘는 비행 도중에 돈 봉투를 끌어안고 불편하게 지냈다.

현지에 내려서도 결제와 관련된 문제가 모두 해결된 것은 아니었다. 이란은 외국인이 1회 환전할 때마다 환전 액수에 제약을 두는데 그나마도 환전소별로 상한선이 다르다. 같은 환전소도 어떤 직원이 창구를 맡고 있느냐에 따라 환전 상한선이 달라지는 경우가 있다. 원칙이 없는 셈이다. 심한 곳은 하루에 200달러까지만 환전을 할 수 있다. 큰 호텔은 달러 결제도 받았지만 리알화 결제만을 받는 업체와 큰 거래를 할 때는 기자들이 환전소를 교대로 들락거리며 릴레이식으로 돈을 바꿔오는 수밖에 없었다.

미국과의 카드 결제 시스템에 대한 합의가 이뤄지지 않는다면, 당분간 외국 관광객들은 '돈 자루'를 지고 다녀야 할 판이다.

여성은 반드시 차도르를 써야 하나?

'이란'이라는 말을 들으면 대부분의 사람들은 호메이니와 차도르를 떠올릴 것이다. 차도르는 이슬람 율법에 따라 여성의 얼굴만을 제외하고 머리끝에서 발끝까지 전신을 덮는 헐렁한 천이다. 이슬람혁명 이후 이란의 폐쇄성을 상징하는 물건이기도 하다. 과연 이란 여성들은 모두 이 거추장스러운 차도르를 입어야 할까?

결론만 말하면 차도르를 반드시 착용할 필요는 없다. 테헤란 도심을 걸어 다녀도 나이가 지긋하고 종교적으로 신실한 여성들은 대부분 차도르를 착용했지만 개방적인 젊은 여성들은 차도르를 착용하는 빈도가 낮았다. 반면 이슬람식 머리쓰개인 히잡은 외국인을 포함한 모든 여성이 착용해야 한다. 이란을 방문한 여성 대통령이나 총리들이 종종 히잡을 쓰고 기념사진을 찍는 것도 이 이유에서다.

이는 쿠란의 다음과 같은 구절에서 유래했다.

"믿는 여성들에게 일러 가로되, 그녀들의 시선을 낮추고 순결을 지키며 밖으로 드러내는 것 외에는 유혹하는 어떤 것도 보여서는 아니 되느니라. 그리고 가슴을 가리는 머릿수건을 써서… (후략)."

히잡은 여성의 머리카락 주변을 둘러 스카프처럼 감싸는 식으로 착용한다. 그 모양새와 디자인은 사람마다 다르지만 대체로 귀와 뒷머리는 완벽하게 감싸는 것이 원칙이다. 시내를 돌아다니다 보면 마치 우리네 족두리처럼 귓바퀴와 뒷머리 일부만 살짝 가린 여성들도 종종 보인

히잡(왼쪽)과 차도르(오른쪽)를 두른 여성들

다. 정숙과 순결을 상징한다지만 실제로 히잡은 여성의 패션 아이템으로 상당 부분 자리 잡았다.

이란에서는 가능하면 맨살을 내보이지 않는 것이 권고 사항이다. 여성에게는 기준이 조금 더 엄하다. 핫팬츠와 미니스커트를 입었다가는 즉결심판감이고 발목이 드러나는 원피스나 반팔 셔츠를 입고 나가도 경찰의 제지를 받을 가능성이 높다. 그냥 얼굴과 손 정도를 빼고는 드러내지 않는다고 생각하고 옷을 입어야 한다.

남자들도 반팔까지는 큰 문제없이 허용되는 분위기라지만 반바지에 대해서는 사회적 시선이 곱지 않다. 이슬람 율법이 맨살을 드러내는 것을 금하고 있기 때문이다.

또한 동물이나 사람이 그려진 옷을 입는 것도 삼가야 한다. 이슬람에서는 우상숭배를 금하고 있는데 이런 옷을 입고 이슬람 사원이나 기도소를 지나가게 되면 실례가 된다.

사업 목적으로 이성을 만날 일이 있다면 절대로 악수나 가벼운 포옹, 팔짱 등 스킨십을 시도해서는 안 된다. 이란에서는 가까운 친인척 이외의 이성과 악수하는 것을 간통까지는 아니지만 불법적인 성행위로 간주하는 경우가 종종 있다. 물론 일부 개방적인 사람들은 남들이 없는 곳에서는 악수 정도는 신경 쓰지 않지만 아직 사회의 주류 분위기는 남녀 간의 직접적 신체 접촉을 죄악시하고 있다. 2015년 10월에는 스웨덴에서 열린 행사에 참여한 이란 남녀가 공개적으로 악수를 했다는 이유로 귀국한 후 공개 태형에 처해지기도 했다. 이란은 아직 종교 율법이 강한 나라다.

| 기고 |

이란 시장 진출을 준비하는 K형께

김재홍 대한무역투자진흥공사(KOTRA) 사장

　요즘 이란이 핫이슈입니다. 핵 협상 타결로 서방의 경제제재가 풀리면서 기회의 땅으로 떠오르고 있습니다. 인구 8,000만 명에 풍부한 천연자원을 보유한 이란은 세계 경기 침체 상황에서 탐나는 시장이 아닐 수 없습니다. 수출 부진을 겪는 K형께서 이란을 주목하는 것은 당연합니다. 2016년 3월 민관 합동 사절단으로 현지에 다녀온 소감을 들려드리니 도움이 되면 좋겠습니다.

　테헤란의 첫 인상은 오랜 풍파를 견디면서도 기품을 유지해 온 노신

사같다고 할까요. 거리를 가득 메우고 있는 자동차 행렬에서 보듯 긴 경제제재 속에서도 사회가 어느 정도 수준을 유지해 오고 있다고 느꼈습니다. 비슷한 상황인 쿠바가 반세기 전 모습에 머물러 있는 것과는 사뭇 달라 보였습니다. 우리라면 과연 어땠을까 하는 생각이 들면서 상당한 잠재력을 체감하게 됩니다.

현지에서 접한 이란 시장은 기회 못지않게 위기 요인도 많아 보였습니다. 무엇보다 심화되는 경쟁이 부담입니다. 제재 조치로 철수했던 유럽연합(EU)과 일본 기업들이 재진입하고, 저가의 중국산도 생산능력을 확대할 테니까요. 경제제재에도 나름대로 시장을 유지해 온 우리 기업들로선 상당한 도전에 직면하게 된 것입니다.

이런 환경에선 섣부른 기대감 대신 치밀한 준비가 중요합니다. 상대는 유대인과 견주는 페르시아 상인의 후예들입니다. 절대 호락호락하지 않다는 것을 명심하시길. 이란은 그동안 공급자 위주로 시장이 형성돼 온 만큼 파트너 발굴이 중요합니다. 벤더 등록, 인증 취득, 수입 통관 등 교역 절차와 유통이 원활하지 못하므로 좋은 파트너 역할이 그만큼 절대적입니다.

코트라는 1964년부터 현지에 무역관을 두고 있고 본사에 이란 진출 기업 지원 센터를 운영하고 있으니 많이 활용하기 바랍니다.

다음으로 '함께 가는 친구'라는 자세가 중요합니다. 이란은 산업 발전에 도움이 되는 자금과 기술을 간절히 원하고 있습니다. 이번 방문 때 만난 이란의 모하마드 카자이 투자청장은 직설적으로 한국 기업의 투자를 요청했습니다. 비즈니스포럼 연사로 나선 정·재계 인사들도 이 구동성이었습니다. 한국은 우수한 상품 이미지로 인식이 좋지만 그동 안 투자에 인색했다면서 대놓고 투자를 권했습니다.

이에 우리는 다양한 동반 진출 협력 모델을 준비해야 합니다. 플랜트와 석유 기반 프로젝트 등을 수주하려면 자금 조달이 최대 관건입니다. 따라서 건설사와 금융기관 제휴는 물론 대기업과 중소기업 동반 진출 시스템이 중요합니다. 대기업과 금융기관에서도 이미 준비하고 있을 것이므로 조만간 모범 사례가 나올 것으로 기대합니다.

중소·중견기업들은 청호컴넷 성공담을 눈여겨보십시오. 이 회사는 현지 업체와 손잡고 현금자동입출금기(ATM)의 브랜드 개발 및 조립 생산 공장을 운영하면서 매년 인근 국가에 2,000만 달러 규모를 수출하고 있습니다. 이번에 코트라가 주최한 상담회에는 기계·장비, 건설, 화학, 전기·전자 등 분야에서 총 27개 중소·중견기업이 참가했습니다. 바이어들 관심이 뜨거웠던 만큼 소기의 성과를 기대합니다.

끝으로 그동안 뿌려 놓은 유·무형자산을 활용하라는 말씀을 드립니다. 1970년대 건설 현장에서 보여 준 성실성과 이라크와 전쟁 중에도 현장을 지킨 신의, 아직도 도로에서 흔히 대하는 한국 자동차 모델, 프리미엄 브랜드로 통하는 한국산 전자 제품, 85% 시청률을 기록했던 한국 드라마 열풍 등은 소중한 비즈니스 자산입니다. 이런 친한(親韓) 정서와 대기업의 성공 요인을 복습하면 새로운 진출 전략 수립에 도움이 될 것입니다.

추신:

이란은 직항이 없고 신용카드도 쓸 수 없습니다. 낡은 사회 시스템들이 언제 제대로 작동할지도 모릅니다. 그러나 비즈니스는 모험이고 불편을 감수하는 것 아닙니까. 남보다 먼저 움직여야 사업 기회를 잡을 수 있습니다. K형의 기업가 정신을 응원합니다.

테헤란에서 관광을 하고 싶다면

○ 카펫박물관

영업시간: 9시~17시(월요일 휴무)

이란은 세계 최초로 카펫을 만든 나라로 현재까지도 최대의 산지다. 입구에서부터 역사적으로 가치가 높은 각양각색의 카펫을 전시해 놓고 있다.

○ 보석박물관

영업시간: 14시~16시(수·목·금요일 휴무)

이란 중앙은행 지하에 설치돼 있다. 다이아몬드, 루비, 오팔 등으로 치장된 페르시아제국, 카자르왕조, 팔레비왕조 등의 보석 제품 수백 종을 전시하고 있다. 소장품의 양과 질은 모두 뛰어나지만 다만 전시 상태는 그다지 좋지 않아 '구슬은 서 말이지만 하나도 꿰지 않은' 인상을 준다. 팔레비왕조의 왕좌인 '공작새 옥좌'는 꼭 보고 갈 것.

○ 사드 아바드 궁전

영업시간: 연중무휴

팔레비왕조의 궁궐 중 하나. 총 18개의 건물로 구성되어 있다. 즐비한 가로수들과 정원이 아름답지만 호화와 사치로 유명한 팔레비왕조의 명성만큼 화려하지는 않다. 서양풍의 건물과 이란의 자연경관이 묘한 조화를 이룬다.

○ 밀라드타워

영업시간: 연중무휴, 9시~23시

세계에서 여섯 번째로 높은 435m의 송신탑. 우리의 남산타워에 해당하는 건물로 건물 내부에는 전망대와 분수, 레스토랑 등이 설치돼 있다. 꼭대기 층에 위치한 회전식 레스토랑에서 식사를 하면서 테헤란의 야경을 내려다보는 것을 추천한다.

사드 아바드 궁전

밀라드타워

| 부록 |

이란은 열사의 땅?
이란과 이슬람 민주주의
미국과 관계 개선에 목매는 이란
이란의 역사
달력은 전혀 다르다
이란 통계 지표
5분 이란어

이란은 열사의 땅?

이란을 잘 모르는 한국 사람들은 이란을 생각하면 사막과 일 년 내내 뜨거운 기후를 생각한다. 하지만 실제 이란은 이런 이미지와 거리가 멀다. 이란이 중동에 위치해 있는 것과 사막이 많은 것은 사실이다. 하지만 이란 영토 대부분이 고원으로 구성되어 있기 때문에 상대적으로 기후는 온화하다. 또한 사계절이 존재하는 대륙성기후다. 대체로 건조해 비가 많이 내리지는 않는다. 대신 지하수가 풍부하다.

수도 테헤란의 경우 해발 900m 이상_(평균 1,500m)에 위치해 있어서 한여름 기준으로 한낮에는 35도 밤중에는 25도 정도의 온도다. 반면 한겨울에는 영상 1~8도 정도가 평균적인 온도다.

이런 이유로 이란에서 눈을 보는 것은 어렵지 않다. 종종 겨울에 폭설이 내려 테헤란 시내 교통이 마비되는 경우가 생기기도 한다. 당장 테헤란 시내 어디서든 보이는 토찰산 꼭대기에는 눈이 쌓여 있다.

이 토찰산에는 세계에서 다섯 번째로 높은 곳_(해발 3,730m)에 위치한 스키장이 있다. 테헤란 시내에서 30분만 가면 된다. 전 세계에서 스키를 사랑하는 관광객들이 이란에 스키를 타러 찾아온다.

테헤란의 높은 고도로 인해 처음 방문하는 사람들은 기압 차에 의해 귀통증을 호소하기도 한다. 기자도 비행기가 테헤란에 착륙할 때 고막에 큰 통증을 경험했고 이 통증은 며칠간이나 지속됐다.

이란 고원은 북쪽에 엘부르즈 산맥, 서북쪽에서 남동쪽으로 길게 자그로스 산맥 등으로 이루어져 있다. 이란 고원은 기복이 심하지 않은 내륙 고원으로서 남동부는 해발고도가 낮지만(평균 300m) 북서부로 갈수록 점차 높아진다(평균 1,500m). 엘부르즈, 자그로스 두 산맥은 알프스히말라야조산운동으로 생겨난 해발고도 3,000m의 대습곡산맥으로서 지진대에 위치해 있어서 종종 지진이 일어나기도 한다. 1978년에는 이란 동부 타바스 사막에서 지진이 발생해서 약 1만 5,000명의 사망자가 발생했고 1990년 6월 21일에는 테헤란 북서쪽 200km 지점을 진앙지로 7.7의 강진이 발생했다. 이 지진으로 1만 명 이상이 사망했다.

엘부르즈 산맥의 다마반드산은 이란의 최고봉(5,604m)이며 중동에서 가장 높은 산이기도 하다. 테헤란에서 불과 46km밖에 떨어져 있지 않다.

사계절이 뚜렷한 기후와 함께 수자원이 풍부한 이란은 농업 대국이다. 곡물, 육류, 어류, 과일 등 모든 종류의 농수산물이 생산되고 중동 다른 국가에 수출된다. 피스타치오, 캐비아, 샤프란 등은 세계 1위 생산국이다. 식량 자급자족률도 100%에 가깝다. 이는 다른 중동 국가들은 갖추기 어려운 이란의 경쟁력이다.

이란은 한반도의 7.5배에 달하는 165만㎢의 면적을 가진 나라다. 고원이 대부분이지만 이외에도 다양한 기후와 지형을 가지고 있다. 남동부에는 모래사막이 펼쳐져 있고 카스피해 인근은 지중해성 기후를 가지고 있다. 카스피해 인근에는 울창한 숲도 존재한다. 페르시아 만의 키시 섬은 아열대성 기후로 과거부터 휴양지로 유명했다.

동경 45~62도, 북위 26~39도에 위치한 이란은 중동과 인도를 연결할 뿐만 아니라 실크로드의 길목에 위치한 국가다. 동쪽으로는 3개국(투르크메니스탄, 아프가니스탄, 파키스탄), 서쪽으로는 4개국(터키, 이라크, 아르메니아, 아제르바이잔)과 국경을 접하고 있고 페르시아 만을 통해 걸프 만 국가들(사우디아라비아, 쿠웨이트, 아랍에미리트, 오만 등)과 인접해 있다. 이 같은 지정학적 위치로 인해 이란은 수출 기지 역할에 유리하다. 이란에서 제품을 생산해 중동 지역과 중앙아시아 지역에 수출하는 것이다.

이란과 이슬람 민주주의

2016년 2월 26일 열린 이란 총선에서 하산 로하니 대통령을 지지하는 개혁·중도 세력이 승리했다. 전체 의석 290석 가운데 개혁파가 85석, 중도파가 73석을 차지해 68석에 그친 보수파를 압도했다. 의회 주도 세력의 교체가 이뤄진 셈이다. 2013년에는 하산 로하니가 서방의 경제제재 효과로 대통령에 당선됐다. 이란이 개방의 방향으로 움직인 것이다. 이런 내용만 보면 이란에서는 민주주의 선거로 정권 교체가 이뤄지는 것처럼 보인다.

하지만 이란에는 하산 로하니 대통령 위에 최고 정치 및 종교 지도자인 아야톨라 알리 하메네이가 있다. 대통령 위에 또 지도자가 있다는 것이 이상하게 여겨질 수도 있지만 이는 '이슬람 국가'라는 이란의 특성을 이해하면 당연한 것이다.

지금의 이란 정치제도는 1979년 이슬람혁명 이후 정권을 잡은 호메이니가 만든 것이다. 민주주의를 기반으로 이슬람 신정 일치 체제를 결합시켰다. 서양의 기준으로는 거의 독재에 가까운 권력을 최고 권력자에게 주면서도 상호 견제가 가능하도록 만들었다.

이란의 권력 구조

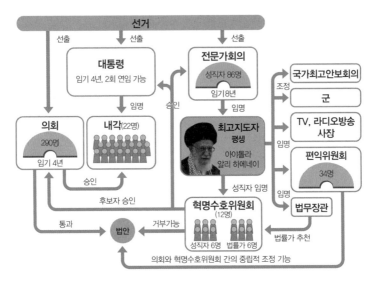

자료: 위키피디아

　이란의 최고 권력자는 종교 지도자인 아야톨라 알리 하메네이다. 이는 종신직이며 의회 법안 거부권을 비롯해 군대 통솔권까지 가지고 있다. 이를 견제할 수 있는 유일한 기구가 86명의 성직자로 구성된 전문가 회의이다. 이들은 임기 8년 선출직이며 최고 지도자가 유고 등으로 인해 공석이거나 심각한 리더십 문제가 있을 때 다시 선출할 수 있는 권한을 갖는다.

　전문가 회의 외에 임기 4년의 대통령, 임기 4년의 국회의원도 선거에 의해 국민들로부터 선출된다. 내각은 대통령에 의해 선출되나 의회의 승인이 필요하다. 성직자 6명, 법률가 6명으로 구성되는 혁명수호위원회는 국회의원 선거 후보자를 승인하거나 선출된 대통령, 전문가 회의 성직자를 승인할 수 있는 힘을 갖고 있다. 그뿐만 아니라 의회를 통과한 법안에 대한 거부권도 가지고 있다. 혁명수호위원회 성직자 6명은 최고 지도자가, 법률가 6명은 의회에 의해서 선출된다.

호메이니와 함께 이슬람혁명을 이룬 하메네이는 보수 강경파와 반미를 대표한다. 물론 이란 핵 협상이 성사된 것은 하메네이의 승인이 있어서였지만 중도 개혁파를 여전히 견제하고 있다. 다만 2016년 현재 76세의 고령이며 전립선암을 앓았다는 점에서 유고 가능성을 배제할 수 없다. 이 경우 하산 로하니 현 대통령, 알리 악바르 하셰미 라프산자니 전 대통령, 모하마드 레자 아레프 등 중도 개혁 성향의 정치인들이 최고 지도자에 선발될 수 있다. 이 경우 이란 정치와 경제에 더 큰 변화가 생길 수도 있다.

이런 이란의 정치제도는 민주주의라고 할 수 있을까? 언론과 집회의 자유, 표현의 자유 등이 중요한 서구의 관점에서는 민주주의라고 보기 어렵다. 그러나 이란이 이슬람 종교 국가라는 것을 감안하면 국민의 투표에 의해 사회가 변한다는 점에서 민주적이라고 볼 수 있는 부분도 있다. 특히 여전히 왕정이 유지되고 있는 다른 아랍 지역 국가에 비하면 이란은 터키와 함께 이슬람 민주주의의 대표적인 국가로 꼽힐 만하다.

미국과 관계 개선에 목매는 이란

테헤란 시내 곳곳에서 미국에 반대하는 벽화를 쉽게 발견할 수 있다. 사실 이슬람혁명 이전에는 이란은 미국에 가장 우호적인 국가 중 하나였다. 미국의 도움으로 팔레비왕조가 전제 권력을 얻었기 때문이다.

하지만 이슬람혁명 이후 양국 관계는 틀어졌고 2002년 이란은 미국의 '악의 축' 국가 명단에 오르기도 했다. 결정적인 것은 이란의 핵 개발 의혹이었다. 미국은 1995년부터 이란에 대한 경제제재를 가하고 있었지만 핵 개발 의혹에 따라 2006년 국제연합(UN)을 시작으로 국제사회가 이란에 대한 경제제재에 나서자 이란 경제도 흔들릴 수밖에 없었다. 2007년에는 유럽연합(EU)이 제재에 참여했고 2010년부터는 우리나라도 경제제재에 참여했다. 이란 정부와 국민들이 미국을 미워할 수밖에 없는 이유다.

이런 국제사회의 경제제재로 이란 경제는 큰 타격을 입게 된다. 2013년 이란 리알화 가치는 두 배 이상 폭락했고 물가 상승률은 35%에 육박하게 된다. 경제제재는 이란 정치에 큰 변화를 가져온

반미 감정을 드러내는 벽화

다. 2013년 대통령 선거에서 중도 개혁 성향인 하산 로하니 후보가 대통령으로 선출되고 그는 서방과 핵 협상 타결에 힘을 실어 준다. 결국 이란은 P5+1(유엔 안전보장이사회 이사국인 미국, 영국, 프랑스, 중국, 러시아 + 독일) 및 EU와 협상을 통해 핵무기 개발을 하지 않겠다고 선언하고 2016년 1월 경제제재가 차례대로 해제된다.

하지만 미국의 대이란 경제제재가 완전히 해소된 것은 아니다. 미국 정부는 이란과의 거래 때 미국 달러를 쓰지 못하도록 하는 금융제재를 아직 풀어 주지 않고 있다. 이는 이란의 대외무역에 여전히 큰 장애물이 되고 있다.

또 미국은 이란의 미사일 개발에 대한 제재는 여전히 유지하고 있다. 이란이 핵탄두를 장착할 수 있는 탄도미사일을 개발하지 못하도록 하기 위한 것이다. 미국은 이란의 미사일 개발을 규탄하고 있지만 이란은 이에 아랑곳하지 않고 계속 탄도미사일 발사 실험을 강행하고 있다.

이처럼 이란의 미국에 대한 반감은 여전히 강하지만 경제 회복을 위해서는 미국과의 관계 개선이 반드시 필요한 상황이다.

미국에 대한 이란인들의 감정은 그래서 이중적이다. 미국에 대한 반감을 가지면서도 미국 문화에 대한 동경을 가지고 있다.

이란의 역사

이란의 고대 및 중세사

이란은 아시아, 유럽, 아프리카 3대 대륙을 잇는 곳이다. 이곳은 고대 아리아인들이 정착한 기원전 2500년 이래 지금까지 4,500년 간 아랍권과 몽골이 호시탐탐 침범의 기회를 노린 쟁투 현장이기도 했다. 세계를 평정한 페르시아제국의 광활한 역사의 흔적이 생생한 이 땅을 우리는 이슬람교라는 이유로 아랍권과 한 덩어리로 묶어 혼동하거나 미국 주도의 세계 질서에 대항하는 '골치 아픈' 나라로 만 인식해 왔다. 페르시아제국에서 시작된 이란 땅의 4,500년사(史) 흔적과 의미를 중동 전문가 서정민 한국외대 국제지역대학원 교수에게 들어 봤다.

〈제국의 명멸: 메디아왕조~사산왕조〉

이란인의 조상은 인도유럽어족의 아리아인이다. 중앙아시아 초원에 살던 아리아인들은 기원전 2500년께 이란 땅으로 남하했다. 이란은 '아리아인(Aryan)의 땅'이라는 뜻이다.

이란 지도

BC 500년

2016년

기원전 7세기, 아리아인들의 부족연합체 성격이던 메디아왕국은 남부의 아케메네스왕조에 정복됐다. 페르시아제국의 시작이었다.

서정민 교수는 "연합체에 불과했던 이란 땅의 도시국가는 아케메네스왕조가 등장하면서 명실상부한 '제국'이란 체제의 틀과 기초를 만들었다"고 설명했다. 중앙 집권 체제가 제국을 뒷받침하는 지지대였다.

황야의 제국이던 그곳이 태동기를 거쳐 부흥기를 맞은 건 다리우스 1세부터다. 인도 북부에서 불가리아까지 점령한 그는 제국의 시대를 열어젖힌다. 즉위 후 반란을 평정한 그는 인도 펀자브 지방, 소아시아의 그리스 식민지를 정벌하며 혁혁한 공을 세웠다. 그리스 본토 원정에서 2회 실패하고 3차 원정을 준비하던 중 생을 마감한다.

다리우스와 크세르크세스의 통치기에 아케메네스왕조는 동서로는 히파시스 강에서 리비아까지, 남북으로는 아라비아 반도에서 캅카스 산맥과 아랄해까지 영토를 넓혔다.

그러나 아케메네스왕조는 국력이 쇠퇴하며 결국 알렉산드로스 휘하의 장군이던 셀레우코스에게 왕조의 바통을 넘긴다. 반란에 시달리던 셀레우코스는 오래가지 못했다.

파르티아왕조는 미트라다테스 2세 때 광활한 영토를 장악해 500년을 버텼으나 결국 사산왕조에게 넘어간다. 사산왕조의 10대 왕인

샤푸르 2세는 70년간 재위했다. 아랍인에게 멸망당하기까지 500년을 버텼지만 결국 제국은 몰락한다.

〈이슬람의 이식: 정복 이후~셀주크튀르크〉

중동 문외한에게는 아랍과 이란이 비슷하거나 때로 동의어로 비치지만 둘은 엄연히 다르다. 서 교수는 "아랍과 이란은 뿌리가 전혀 다르며 이슬람교라는 공통분모가 아랍과 이란을 비슷한 곳으로 보이게 만드는 요소"라고 강조했다.

이란에 이슬람이 유입된 시기로 거슬러 올라가면 이슬람교의 창시자 무함마드의 이름을 결코 빼놓을 수 없다. 아랍족은 아리안들과 반목하는 쟁투의 역사를 써 내려왔지만 무함마드 사후 초대 칼리프인 아부바크르는 취임하자마자 이란 전역으로 세력을 뻗쳐 나간다. 아랍 입장에서는 반이슬람 세력이던 페르시아를 무찌른 셈인데 현재 98%에 달하는 이란의 이슬람교인은 이때부터 퍼졌다. 이슬람 기반의 우마이야왕조와 아바스왕조는 차례로 이란에 이슬람을 파종하는 역할을 맡았다.

아랍이 지배한 후에도 이란은 아랍권과 문화를 교류하며 성장했다. 이란으로 진출한 아랍권이 이란에 이슬람교를 이식하고 전파했다면 이란은 제국의 체계를 전파했다.

이란 땅 쟁탈전이 끊임없이 전개된 이유는 이란이 중앙아시아에서 북부 터키를 잇는 실크로드의 중심지라는 특성과 무관치 않다. 서 교수는 "실크로드가 사우디아라비아는 지나지 않았지만 이란 북부를 통과했다는 점에 주목해야 한다"며 "좁혀서 보면 중동의 메소포타미아문명의 후예들이 인도와 터키 양측을 잇는 제국의 역할을 이어 나간 셈"이라고 말했다.

그 뒤로 타히르, 사파르, 데일람 알리비 등의 왕조가 부상과 몰락을 반복했다. 이들 왕조의 세력은 그리 맹위를 떨치지는 못했다. 한편 아바스왕조는 튀르크 전사들을 전투 용병으로 불러 모았는데 이들 왕조가 쇠퇴하면서 튀르크 전사들이 정권의 정점에 선다. 11세기경 셀주크튀르크는 이란 땅을 장악한다.

〈유목민과의 융합: 몽골 지배~사파비왕조〉

이란으로 스며든 아랍의 지배력이 소멸하기까지는 이슬람 세력이 정복한 7세기 중반 이후로부터 500년도 채 가지 못했다. 셀주크튀르크는 13세기 몽골의 침입으로 멸망했다.

칭기즈칸의 손자이자 툴루이의 아들인 훌라구칸이 일한국이란 이름으로 이란을 치세한 건 1세기 남짓. 훌라구칸은 이집트의 맘루크왕조와 시리아 지배권을 두고 대립했지만 왕조는 오래가지 못했다. 일한국의 바통은 티무르제국으로 이어졌다. 티무르제국은 중앙아시아와 아프가니스탄까지 지배하며 세력권을 넓혔다. 수도인 사마르칸트는 동서 무역의 중심지였다.

티무르제국의 한편에서는 셰이크 사피 알 딘이 시아파 이슬람을 받아들인 뒤 추종 집단을 기반으로 세력을 넓히고 있었다. 15세기 말 집단의 지배권을 장악한 이스마일 1세는 사파비왕조를 세운다. 그는 이란 전역을 통치하며 샤의 자리에 오른다. 사파비왕조의 등장으로 아랍이 침입한 7세기 이후 1,000년 만에 이민족의 지배에서 벗어난다.

서 교수는 "제국으로서의 영속성을 살펴본다면 페르시아제국은 고대 이집트 다음으로 가장 오랫동안 세계를 지배했던 문명"이라며 "페르시아는 아나톨리아, 이집트, 이란 등을 독자적으로 통합했던 세계 최초의 제국이라는 역사의 전성기가 있던 곳"이라고 설명했다.

이란 현대사

이란 현대사는 외세에 대한 '종속과 저항'의 역사다. 20세기 초부터 러시아, 영국, 미국 등 패권국들의 간섭에서 자유롭지 못했던 이란이었지만 '밑으로부터의 혁명 정신'을 100년 넘게 꾸준히 이어 온 이란 현대사의 변곡점은 두 번의 혁명이다. 이란 민족운동 금자탑인 입헌혁명(1905~1911년)과 1979년 이슬람혁명이다.

이란 입헌혁명은 1781년부터 이란을 통치해 온 카자르왕조에 대한 저항에서 시작됐다. 석유 등 이권을 외세에 빼앗기는 등 정권 자주성이 무너지자 엘리트들을 중심으로 왕권을 제한하고 자주적 외교를 할 수 있는 혁명정부를 구성했다. 러시아의 남하를 저지하지 못하고 혁명정부는 붕괴됐지만 봉건 지배 구조가 폐지되고 이란 최초의 의회와 헌법을 만들어 내는 성과를 거뒀다.

이후 1951년 반외세 민족주의를 내세운 모하마드 모사데크가 정권을 잡은 뒤 석유 국유화에 나섰고 이는 자원민족주의 운동이 중동 전역으로 확산되는 계기가 됐다. 그러나 미국 지원을 받아 발생한 군사 쿠데타로 모사데크 총리가 축출되고 팔레비왕조가 등장했다. 모하마드 레자 샤 팔레비는 공포정치로 이란을 통제했고 이슬람 민족 세력 탄압과 언론통제로 국정을 장악했다. 이슬람 성직자들과의 갈등이 극에 달하면서 팔레비왕정에 반대하는 시위가 계속됐다. 이슬람혁명을 슬로건으로 내건 아야톨라 호메이니가 국민들의 정신적인 지주로 급부상하면서 민중 봉기가 발생해 1979년 2월 팔레비왕조 독재가 무너졌다.

팔레비 국왕은 미국으로 망명했고 이란 대학생들이 1979년 11월 4일 테헤란 미국 대사관을 점거해 444일간 농성을 벌이며 팔레비 국왕의 신병 인도를 요구했다. 미국 대사관 점거로 미국과 이란 관계는 최악으로 치달았다. 이란은 자위 수단으로 핵무기 개발을 공식 선언했고 미국은 이란과의 외교 관계를 단절하며 강경 대응을 했다. 2012년 이란 핵 개발이 본격화되면서 미국을 필두로 서방 국가들은 석유 금수 조치 등을 포함한 초강력 제재를 시행하면서 이란 경제는 나락으로 떨어졌다. 악화일로를 걷던 양국 관계는 2015년 전격적인 미국·이란 간 핵 협상 타결로 화해 모드로 접어들었고 2016년 대이란 경제제재 해제로 연결됐다. 이란 금수 조치 해제 후 이란 인프라 개발과 에너지 사업 진출을 위해 유럽, 중국, 한국, 일본 등이 잇달아 이란에 러브콜을 보내고 있다.

시아파 맹주인 이란의 행동반경이 넓어지면서 사우디아라비아 등 수니파 이슬람 국가들과의 갈등은 한층 심화될 전망이다. 이란은 이슬람 수니파 종주국 사우디와 이슬람 세계의 종교적 권위는 물론 지역 패권과 석유 정책을 둘러싸고 사사건건 경쟁하고 대립해 왔다. 이란이 중동에서 커다란 영향을 미치는 것은 세계 4위를 점하는 '오일 머니' 힘이 크다.

달력은 전혀 다르다

이란에서 사용하는 달력은 한국과 완전히 다르다. 우리는 예수 그리스도의 탄생을 기준으로 하는 서양식 그레고리력을 사용하고 있지만 이란은 고유의 페르시아력(솔라 히즈라력)을 사용하기 때문이다. 이는 아랍권에서 널리 사용되는 이슬람력(히즈라력)과도 또 다르다.

페르시아력에서 새해는 보통 우리의 3월 21일에 시작한다. 또한 우리의 해에서 621년이나 622년을 빼면 페르시아력 해가 된다. 우리 기준으로 2016년은 이란 기준으로 1395년이 된다.

한 주는 토요일에 시작해서 금요일에 끝난다. 우리 기준으로 토요일이 이란의 목요일이며 일요일이 금요일이 된다. 기업이나 관공서의 경우 목요일은 대체로 오전 근무를 하나 점차 주 5일 근무가 늘어나 목요일도 쉬는 경우가 늘어나고 있다.

이슬람력과 페르시아력의 가장 큰 차이는 양력과 음력의 차이다. 보통 페르시아력에 42년을 더하면 이슬람력 날짜가 나온다.

공휴일은 종교와 관련된 것이 많은데 대부분 음력을 기준으로 하고 있어서 달력에 나와 있는 휴일과 실제 휴일이 1일 전후로 변동되기도 한다. 또한 휴일이 상반기에 몰려 있어 현지 출장 시 확인이 필요하다.

이란 정부는 휴일 사이에 낀 날을 하루 전날 임시 공휴일로 지정하기도 하며, 음력에 기초한 일부 종교 휴일은 전날 밤 달의 모양을 보고 공휴일을 확정하기도 한다.

이란의 신년(노루즈)은 공식적으로 매년 3월 21일부터 시작되며 신년 전후인 3월 15일~4월 15일은 이란의 연말연시에 해당하는 기간으로 대부분 이란 업체들이 휴무에 들어가는 까닭에 이 기간 출장은 자제하는 것이 바람직하다.

라마단 기간(2016년에는 6월 6일부터 7월 5일까지 총 30일) 동안에는 대부분의 현지 업체가 오후 2~3시에 종료하므로 동 기간 출장 희망 시 사전 확인을 해야 한다.

2016년 기준 이란 공휴일

2월 11일(목)	이슬람혁명 기념일
3월 13일(일)	파테메 순교일
3월 19일(토)	석유의 날
3월 20~23일 (일~수)	노루즈(이란 신년)
3월 31일(목)	이란 이슬람 공화국의 날
4월 1일(금)	자연의 날
4월 21일(목)	이맘 알리 탄신일
5월 5일(목)	선지자 공인일
5월 22일(일)	이맘 메흐디 탄신일
6월 3일(금)	호메이니 순교일
6월 4일(토)	혁명 기념일
6월 27일(월)	이맘 알리 순교일
7월 6~7일 (수~목)	라마단 종료
7월 30일(토)	이맘 자파르 사데그 순교일
9월 12일(월)	고르반 이드
9월 20일(화)	알리 후계자 공인일
10월 11일(화)	후세인 부상일
10월 12일(수)	후세인 사망일
11월 20일(일)	후세인 사망 40일
11월 28일(월)	무함마드 순교일
11월 30일(수)	이맘 레자 순교일
12월 17일(토)	무함마드 탄신일

자료: 주이란 한국 대사관

이란 통계 지표

주요 경제지표

구분	2015년	2016년(예상치)
GDP(10억 US달러)	413.2	459.4
실질 GDP 성장률(%)	1.4	4.9
소비자물가 상승률(%)	14.7	14.0
인구(100만 명)	79.1	80.0
수출(100만 US달러)	79,105	100,993
수입(100만 US달러)	70,634	83,348
경상수지(100만 US달러)	8,471	17,645
외환 보유고(100만 US달러)	93,950	113,950
외채(10억 US달러)	6.9	7.9
평균 환율(US달러당 리알)	29,184	31,373

5분 이란어

- 안녕하세요. (살람)

  سلام   salâm

- 안녕히 계세요. (코다 하페즈)

  خداحافظ   xodâ hâfez

- 나중에 봅시다. (타 바아드)

  تا بعد   tâ ba'd

- 안녕하세요. 어떻게 지내시나요? (쌀람. 체뚜우리?)

  سلام. چطوری؟   salâm. cetori?

- 안녕하세요. 잘 지내고 있어요. (쌀람. 후밤. 맘눈)

  سلام. خوبم. ممنون   salam. Xubam. mamnun

- 네. (발리)

  بله   balé

- 아니오. (나)

  نه   na

- 정말 감사합니다. (헤이리 맘눈)

  خیلی ممنون   xeyli mamnun

- 죄송합니다. (로트판)

  لطفاً   lotfan

- 이해했습니다. (파흐미담)

  فهمیدم   fahmidam

- 잘 모르겠습니다. (네미두남)

  نمیدونم   nemidunam

- 축하드립니다. (무바라케)

  مبارکه   mobârake

- 사랑합니다. (두셋 다람)

  دوستت دارم   duset dâram

- 화장실이 어디에 있어요? (베 바흐쉬드 다스탓슈이 코자스트)

  ببخشید دستشویی کجاست؟   bebaxšid dastšui kojâst?

- 계산서를 주세요. (쑤라 타흐사브 로트판)

  صورتحساب لطفاً   surathesâb

• 길을 잃어버렸어요. (만 곰 쇼담)

من گم شدم   **man gom šodam**

• 메뉴판을 주세요. (메노, 로트판)

منو، لطفا!   **meno lotfan**

• 저를 도와주시겠어요? (미셰 로트판 코마캄 마니드)

میشه لطفاً کمکم کنید؟   **miše lotfan komakam monid ?**

비행기에서 마스터하는

살람,이란비즈니스

초판 1쇄 2016년 5월 10일
　　2쇄 2016년 6월 7일

지은이 매경이란포럼팀
펴낸이 전호림 **제3편집장** 고원상 **담당PD** 최진희 **펴낸곳** 매경출판(주)
등　록 2003년 4월 24일(No. 2 - 3759)
주　소 우)04557 서울시 중구 충무로 2(필동 1가) 매일경제 별관 2층
홈페이지 www.mkbook.co.kr
전　화 02)2000 - 2610(기획편집) 02)2000 - 2636(마케팅) 02)2000 - 2606(구입 문의)
팩　스 02)2000 - 2609 **이메일** publish@mk.co.kr
인쇄 · 제본 (주)M - print 031)8071 - 0961

ISBN 979-11-5542-463-6(03300)
값 12,000원